看了就能懂的法律常识

中小企业法律风险防控

方也媛◎主编

刘珊珊　赵晨憧◎副主编

U0723483

吉林出版集团股份有限公司

全国百佳图书出版单位

图书在版编目（CIP）数据

看了就能懂的法律常识. 中小企业法律风险防控 /
方也媛主编. -- 长春：吉林出版集团股份有限公司，2023.4
（2025.1重印）
ISBN 978-7-5731-1437-2

Ⅰ.①看… Ⅱ.①方… Ⅲ.①中小企业 - 企业法 - 基
本知识 - 中国 Ⅳ.①D920.4

中国版本图书馆CIP数据核字（2022）第055218号

KANLE JIU NENG DONG DE FALU CHANGSHI ZHONG-XIAO QIYE FALU FENGXIAN FANGKONG

看了就能懂的法律常识·中小企业法律风险防控

主　　编　方也媛
副 主 编　刘珊珊　赵晨憧
责任编辑　金 昊
装帧设计　刘美丽

出　　版　吉林出版集团股份有限公司
发　　行　吉林出版集团社科图书有限公司
地　　址　吉林省长春市南关区福祉大路5788号　邮编：130118
印　　刷　唐山楠萍印务有限公司
电　　话　0431-81629711（总编办）
抖 音 号　吉林出版集团社科图书有限公司　37009026326

开　　本　720 mm×1000 mm　1 / 16
印　　张　13
字　　数　150 千
版　　次　2023 年 4 月第 1 版
印　　次　2025 年 1 月第 2 次印刷

书　　号　ISBN 978-7-5731-1437-2
定　　价　55.00 元

如有印装质量问题，请与市场营销中心联系调换。0431-81629729

编 委 会

主　编：方也媛

副主编：刘珊珊　赵晨憧

成　员：刘　淼　刘占柱　李韧夫

　　　　李海滢　张秋华　金　明

　　　　高云峰　曹春秋　魏　星

序 言

　　党的十八大以来，以习近平同志为核心的党中央高度重视法治在推进国家治理体系和治理能力现代化中的重要作用，中央全面依法治国工作会议更是明确了习近平法治思想在全面依法治国中的指导地位，为全面依法治国提供了根本遵循和行动指南。

　　依法治国、普法先行。法治宣传教育是一项具有基础性、先导性、长期性的工作，推进全面依法治国，归根结底要靠全民法治素质的提高，靠依法办事习惯的养成。可以说，全民普法是全面依法治国的重要内容之一，对法治中国建设起着基础性的关键作用。近年来，随着普法教育的深入，公民的法律意识不断增强，自觉维护法律和自身权益已成为许多公民的自觉行为。但是在分工不断发展、生活节奏逐渐加快的现代社会中，普通民众忙于生计，无暇深入研究法规法条，而且，庞杂的现代法律也使得普通民众难以深层次地了解法律知识。

　　如何能够使这个庞大的群体在忙碌之余接受法律的教育，如何让他们对法律产生兴趣并且在遇到法律问题时可以快捷地找到答案？方也媛老师带队编写的这套图书就为大家提供了这样的一种途径。

　　这套书一共六本，分别是《看了就能懂的法律常识 合同纠纷》《看了就能懂的法律常识 婚姻家庭》《看了就能懂的法律常识 道路交通》《看了就能懂的法律常识 劳动纠纷》《看了就能懂的法律常识 未成年人保护》《看了就能懂的法律常识 中小企业法律风险防控》。结构上分为案例、法律问题、法律分析、案例拓展四个部分。先通过案例引出问题，让读者可以清晰地知道在什么情况下可能存在什么法律问题。之后在法律分析中对引出的问题进行解释，最后通过案例拓展对该法律问题的相关法律知识进行普及，提出合理规避风险的方法。这种编排方式不仅可以针对已产生的问题给出解决办法，也能让当事人对潜在的风险充分防范。

书中案例全部来自裁判文书网上发布的真实案例，更贴近生活实际。法律分析版块在引用现行相关法律条文对案例进行解析的同时，又对法律的适用环境进行解读，以便于读者在现实中遇到类似情况时进行应用。案例拓展版块充分展示了法律在实践应用中可能遇到的情况，既起到拓展思路的作用，也可以使读者不局限于本书的内容，进行更深入的思考。

本书主编方也媛，在从事教学工作的同时担任律师多年，理论知识和实践经验均比较丰富。其他作者全部通过了国家统一法律职业资格考试。这些作者均具有研究生学历，在校期间成绩优异，在学术上取得了一定的成果：多人曾在省级期刊发表论文，一人曾获副省级法治论坛优秀论文奖，多人参与吉林省法学会项目等课题研究。

人们在生活中都会碰到各种问题和麻烦，很多时候都需要使用法律来解决。所以，法律离我们每个人并不远，它与生活息息相关。很多人可能感觉法律是一道难以逾越的高墙，遇到了法律问题大部分人不知道怎么解决，甚至干脆就能忍则忍，放弃主动用法律武器保护自己的权利。希望本书能够为读者们提供一个解决问题的思路，让读者们在生活中遇到问题时能够通过本套书的案例和分析得到一个解决办法，为生活增添一些便捷。

是为序。

李韧夫

2022年12月

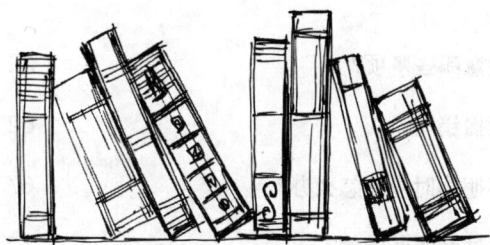

目录
CONTENTS

第一章

创立公司的准备

问题1：
创业者应该如何选择企业形式？

[案例]

小刘是北京某学院大一的在读学生，在校期间，他设计了一款软件，该软件可以直接实现人机对话。经专家初步评估，该项目的市场发展前景十分广阔。小刘和家人商量后，准备成立一家企业推广这款软件，但他不清楚自己应创办什么形式的企业。

[法律问题]

小刘可以创办什么形式的企业？

[法律分析]

第一，注册合伙企业。

《中华人民共和国合伙企业法》（以下简称《合伙企业法》）第九条第一款规定："申请设立合伙企业，应当向企业登记机关提交登记申请书、合伙协议书、合伙人身份证明等文件。"第十条第一款规定："申请人提交的登记申请材料齐全，符合法定形式，企业登记机关能够当场登记的，应当予以登记，发给营业执照。"合伙企业的组织形式灵活，注册手续简便，费用较低。所以，小刘只要提交申请书和合伙协议，交纳不超过1000元的费用，就可以当场办理，领取营业执照。

《合伙企业法》第十六条规定："合伙人可以用货币、实物、知识产权、土地使用权或者其他财产权利出资，也可以用劳务出资。"合伙企业对注册资本没有限制，对刚开始创业、没有相应资源的学生来说，的确是非常有利的。因为小刘是在校大学生，手头资金紧，人手也不够，可以采用吸收合伙人的形式，让周围的同学提供企业办公场所、以劳务入伙等，参加到合伙企业中，解决创业初期资金难的问题。

另外，合伙企业缴税与有限责任公司相比要少得多，因为合伙企业不缴纳营业税。税务机关对其实行"先分后税"原则，对合伙企业本身不征税，只对投资人征税。投资人是自然人的，缴纳个人所得税，这样就节省了大笔的支出。

所以，小刘对自己设计软件的未来发展空间不是很明确，同时缺少相应资源的话，成立一个合伙企业是个不错的选择。

第二，注册一人有限责任公司。

《中华人民共和国公司法》（以下简称《公司法》）第五十九条规定："一人有限责任公司应当在公司登记中注明自然人独资或者法人独资，并在公司营业执照中载明。"小刘开发的软件主打产品较为单一，而且小刘的身份是在校大学生，资金有限，如果创业失败，对债务的抗风险能力较弱，所以设立一人有限责任公司也是一个不错的选择。因为一人有限责任公司可以依法取得法人资格，小刘以其出资额对公司负有限责任，不会因为经营失败而被迫承担个人债务。同时，软件设计涉及商业秘密，一人有限责任公司可以有效地保护这些商业秘密。

第三，注册有限责任公司。

有限责任公司的注册条件相对简单，也是中国现存大多数企业的形式。《公司法》第二十三条规定："设立有限责任公司，应当具备下列条件：（一）股东符合法定人数；（二）有符合公司章程规定的全体股东认缴的出资额；（三）股东共同制定公司章程；（四）有公司名称，建立符合有限责任公司要求的组织机构；（五）有公司住所。"《公司法》第二十八条规定："股东应当按期足额缴纳公司章程中规定的各自所认缴的出资额。股东以货币出资的，应当将货币出资足额存入有限责任公司在银行开设的账户；以非货币财产出资的，应当依法办理其财产权的转移手续。"因为《公司法》要求有限责任公司的股东人数是2人以上50人以下，所以，小刘应当找到另一位股东。如果公司是小刘一人出资的，则他找到的股东最好是自己的家人，避免与名义股东产生纠纷。另外，如果是两个人的有限责任公司，两人可以一人担任执行董事，另一人担任监事。

第四，注册股份有限公司。

如果小刘设计的软件市场发展前景广阔，家人以及朋友有一定的实力能够对他的企业进行人员和资金上的支持，并且该软件项目属于高新技术产业项目，容易得到社会投资，则小刘可以考虑注册股份有限公司。股份有限公司这种形式有利于公司的成长，能够为以后公司上市打下良好的基础，但是，股份有限公司申请设立的程序严格、复杂，公司的商业秘密容易暴露。《公司法》第七十六条规定："设立股份有限公司，应当具备下列条件：（一）发起人符合法定人数；（二）有符合公司章程规定的全体发起人认购的股本总额或者募集的实收股本总额；（三）股份发行、筹办事项符合法律规定；（四）发起人制定公司章程，采用募集方式设立的经创立大会通过；（五）有公司名称，建立符合股份有限公司要求的组织机构；（六）有公司住所。"《公司法》第七十七条规定："股份有限公司的设立，可以采取发起设立的方式。"

[案例拓展]

从上述的案例中可以看到，对于一个创业者来说，在注册企业时要综合考虑自身的各个方面条件和因素，根据自己的实际条件来选择合适的企业形式，不能随大溜、赶潮流。如果小刘对自己设计软件的未来发展空间不是很明确，同时缺少相应资源的话，成立一个合伙企业是个不错的选择。一人有限责任公司也是个不错的选择，在这种选择下小刘可以依法取得法人资格，不必承担因为经营失败而出现的个人债务，同时可以有效地保护商业秘密。但同时也要注意到，由于一人有限责任公司负责的只有一个人，并且需要在营业执照中载明，因此公司治理结构往往不健全，公众在传统观念的影响下缺乏对这类公司的信任，会使公司在以后融资时面临困难。至于股份有限公司，注册的程序十分烦琐，需要的人员和资金也较多。

综上所述，在选择公司形式的时候，应该根据自己的实际情况，不要盲目地求大、求全，否则将导致最后创业失败，给自己和家人带来负面影响。

问题2：
应该如何构建公司的组织结构？

[案例]

王某是浙江嘉兴一位做建筑的老板，近年来看到嘉兴房地产市场火热，他准备投资成立一家房地产开发股份有限公司。初步计划公司注册资金1000万元，他出资占有30%的公司股份，其中，10%的股份给他的妻子，5%的股份给他的儿子（13岁，某中学初中生），他们二人担任公司的股东，公司将采取股东认购股份的方式筹集资金。王某准备这样任命公司的董事、监事和高级管理人员：董事长由王某自任。至于总经理，王某准备聘请李某，李某系原国土资源局的干部，因受贿罪被法院判刑3年，刚刚刑满释放。由于李某早些年一直照顾王某的生意，所以，王某为了回报他，想请李某担任公司总经理。王某的夫人担任公司财务部经理，同时兼任公司的监事，王某的儿子担任公司的董事。

看了就能懂的
法律常识
KANLE JIU NENG DONG DE
FALU CHANGSHI
中小企业法律风险防控
ZHONG-XIAO QIYE FALI/FENGXIAN FANGKONG

[法律问题]

这样的公司组织机构是否合法?

[法律分析]

第一，王某自己决定任命公司的董事、监事、高管人员的做法是不合法的。《公司法》第九十条第三款和第四款规定，创立大会行使下列职权：（1）选举董事会成员；（2）选举监事会成员。所以，王某首先要召集公司发起人，召开创立大会。在会上，由发起人、认股人选出公司董事、监事，组成公司的董事会、监事会；由董事会选出董事长，并任命公司总经理、财务部门负责人。由于王某一家在公司所占的股份只有30%，没有达到公司控股权的50%以上，所以在竞争公司的董事、监事、董事长的过程中，王某应同其他小股东团结，使自己在公司的表达权达到50%以上，这样才能推选他的夫人担任公司监事，自己担任公司的董事长。

第二，任命李某担任公司的总经理是违法的。《公司法》第一百四十六条第（二）项规定，有下列情形之一的，不得担任公司的董事、监事、高级管理人员：因贪污、贿赂、侵占财产、挪用财产或者破坏社会主义市场经济秩序，被判处刑罚，执行期满未逾五年，或者因犯罪被剥夺政治权利，执行期满未逾五年。李某因为受贿罪被判刑，刚刑满释放，不符合《公司法》刑满五年以上的规定，因此李某不得担任公司的高级管理人员。

第三，王某的妻子如果担任公司财务部门的负责人，那么她就不能兼任公司的监事。《公司法》第一百一十七条第三款规定：董事、高级管理人员不得兼任监事。王某的妻子担任财务部门负责人之后就属于公司高级管理人员，据此不得再担任监事。《公司法》第一百一十七条第二款规定："监事会应当包括股东代表和适当比例的公司职工代表，其中职工代表的比例不得低于三分之一，具体比例由公司章程规定。监事会中的职工代表由公司职工通过职工代表大会、职工大会或者其他形式民主选举产生。"所以，王某在制定公司章程时，可以加大职工监事的比例，并通过公司职工大会，选举自己信任的员工担任公司的监事。

第四，王某的儿子可以成为公司的股东，但不能担任公司的董事。

王某的儿子只有13岁，属于限制民事行为能力人。《公司法》未对自然人的股东资格有特别的限制，根据"法无禁止即自由"的原则，在没有法律特别限制的情况下，王某的儿子可以成为公司的股东。根据原国家工商行政管理总局《关于未成年人能否成为公司股东的答复》（工商企字［2007］131号）的规定，《公司法》对未成年人能否成为公司股东没有做出限制性规定。因此，未成年人可以成为公司股东，其股东权利可以由法定代理人代为行使。所以，王某的儿子作为股份有限公司股东合法，他的股东权利由其法定监护人，即王某及其妻子代为行使。同时因为《公司法》第一百四十六条第一款规定："有下列情形之一的，不得担任公司的董事、监事、高级管理人员：无民事行为能力或者限制民事行为能力……"故王某的儿子不能担任公司的董事。

［案例拓展］

从上面的案例中可以看出，家族企业要转变为股份公司或有限责任公司，需要根据企业的实际情况，参照法律的规定，合理分配家族成员的岗位，才能使企业做大做强。简单地说，公司治理就是公司内部权力划分，明确公司决策事务时所要遵循的规则和程序。良好的公司治理结构，可平衡公司各方利益分配，对公司高效运转、掌握竞争力起到决定性的作用。

问题3：
应该如何掌握公司的控制权？

[案例]

邓某研发出一套汽车自动驾驶导航系统，并申请了国家专利。该系统顺应当前汽车自动驾驶的潮流，有很大的市场发展空间，所以邓某准备创立一家股份有限公司来开发、销售这套系统。但由于启动资金不足，邓某联系到同学小周、导师赵老师，两人都有兴趣入股这个公司。同时，上海某基金公司的孙总对此项目也很感兴趣，表示该基金可以提供公司成立的大部分启动资金。但邓某现在面临一些问题的困扰：一是导师赵老师虽然有意愿入股公司，但由于学校有规定，老师不能入股学生开办的公司，所以赵老师准备将他所有的股份转给自己的学生小周，由他名义上持有；二是公司创立时，为了吸引销售人才，有意让招聘到的新员工持股，不知道这一举措是否合规；三是不知道让基金公司投资多少，应该给它多少股份合适。

[法律问题]

如何解答邓某在这些方面存在的疑问？

[法律分析]

第一，为了保证邓某对公司的控制权，其应掌握公司的多数股份。《公司法》第一百零三条第二款规定："股东大会作出决议，必须经出席会议的股东所持表决权过半数通过。但是，股东大会作出修改公司章程、增加或者减少注册资本的决议，以及公司合并、分立、解散或者变更公司形式的决议，必须经出席会议的股东所持表决权的三分之二以上通过。"所以，邓某要控制该公司，则最少需要在公司中占有50%以上的股份。当然，在现实中，股份公司是很难由一方占有50%以上股份的，一般只要占有公司30%以上的股份，即可控制公司。

第二，为了保证掌控公司的多数股份，邓某可以将自己的专利尽量多地核算为公司股份，但是应当注意不得高估或低估作价。《公司法》第二十七条规定："股东可以用货币出资，也可以用实物、知识产权、土地使用权等可以用货币估价并可以依法转让的非货币财产作价出资；但是，法律、行政法规规定不得作为出资的财产除外。对作为出资的非货币财产应当评估作价，核实财产，不得高估或者低估作价。法律、行政法规对评估作价有规定的，从其规定。"

第三，邓某可以将自己的股份转给自己的亲人，由他们分散持有。众所周知，股份公司应当有董事会、监事会等治理机构。邓某将自己的股权分散给自己的亲人，就可以增加在董事会、监事会中支持自己的人数，从而增加自己的话语权。

第四，导师赵老师的股份由公司另一股东小周代持是不妥的，容易增强小周对公司的控制。因为导师赵老师的投资属于隐名投资。所谓隐名投资，是指一人（隐名股东）实际认购出资，但公司的章程、股东名册或其他工商登记材料记载的投资人却为他人（显名股东）。如果小周代持导师的股份，则在工商部门的股东登记上，小周持有的股份将占很大的比例，这会给邓某后期在对公司的管理方面带来隐患。所以，应当劝说导师赵老师将他的股份转给其他人，由其他人代为持有，或与赵老师协商，由邓某代为持有。双方应当及时向专业律师进行咨询，或者借助律师的专业力量制订协议，并认真拟定协议的条款，以降低隐名出资可能引发的法律风险。

第五，给公司新招聘的员工发放股份是不妥当的，这样做将会给公司后续的发展带来隐患。公司股权应该只分给对公司发展起着不可替代的作用之人。虽然公司招聘的销售人才在公司创立伊始的时候能够带来一定的客户和人脉，但随着发展，公司逐步有了市场占有率后，这些员工的作用将会逐渐变小。而且，有的员工虽然入职，但一段时间后发现不适应公司的工作，可能会跳槽到别的公司，这时公司想收回他们的股份是十分困难的。离职员工完全可以将他们所持有的公司股份转卖或抵押，这些做法都会给公司带来损失。

第六，应避免投资基金所占股份份额过大，否则将导致公司被控制。如果投资基金占有30%的公司股份，那么基金操控者完全可以联络其他小股东，使自己实际控制的股权达到50%以上，从而控制公司的董事会，达到侵吞公司的目的。现实生活中经常可以看到，个别风险投资者利用资金的优势购买有发展潜力的公司，然后利用在该公司所持有的股份，联合中小股东，召开股东大会，改选董事会，从而达到侵吞公司的目的。所以，邓某在吸引基金投资的同时，应当将它所占的股份限制在20%以内。

第七，对于公司发展的资金缺口，可以采取向社会公开募集股份的形式筹集资金进行填补。《公司法》第七十七条规定："股份有限公司的设立，可以采取发起设立或者募集设立的方式。""募集设立，是指由发起人认购公司应发行股份的一部分，其余股份向社会公开募集或者向特定对象募集而设立公司。"因为邓某的项目有很大的发展空间，容易得到社会资本的认可，所以采取向社会公开募集资金的形式是可行的。

[案例拓展]

通过募集方式设立公司有什么限制呢？

《公司法》第八十四条规定："以募集设立方式设立股份有限公司的，发起人认购的股份不得少于公司股份总数的百分三十五；但是，法律、行政法规另有规定的，从其规定。"具体步骤如下：

一是制作招股说明书。《公司法》第八十五条规定："发起人向社会公开募集股份，必须公告招股说明书，并制作认股书。认股书应当载明本法第八十六条所列事项，由认股人填写认购股数、金额、住所，并签名、盖章。认股人按照所认购股数缴纳股款。"

二是招股说明书应当具备《公司法》第八十六条规定的内容："（一）发起人认购的股份数；（二）每股的票面金额和发行价格；（三）无记名股票的发行总数；（四）募集资金的用途；（五）认股人的权利、义务；（六）本次募股的起止期限及逾期未募足时认股人可以撤回所认股份的说明。"

三是公开募集股份要有证券公司承销。《公司法》第八十七条规定："发起人向社会公开募集股份，应当由依法设立的证券公司承销，签订承销协议。"

俗话说得好，做生意，先小人后君子。如果我们在设立公司的初期就通过协议等方式，将未来公司的支配权确定好，就能避免很多的矛盾，也能使公司健康地发展。

看了就能懂的
法律常识
中小企业法律风险防控

KANLE JIU NENG DONG DE
FALU CHANGSHI
ZHONG-XIAO QIYE FALU FENGXIAN FANGKONG

问题4：
如何规范股东行为以避免股东权利滥用？

[案例]

　　周某个人投资人民币12万元成立了一家一人有限责任公司，公司从事粮油经营业务。2006年9月，周某购进一大批小麦，因保管不善，被雨水淋湿变质，造成较大经济损失。后公司无力继续经营，周某所投资的人民币12万元已经远不够用于偿还债务。公司债权人要求周某个人继续偿还剩余的债务。而周某表示，根据《公司法》的相关规定，股东仅以出资额为限对公司债务承担有限责任，股东对超过出资额以外的公司债务不应当承担清偿责任，因而拒绝清偿。公司债权人向法院提起民事诉讼，要求周某清偿剩余债务。因周某一人公司的经营性收支与周某个人财产混同，经营场所与居所合一，同时由于一人公司内部缺乏制衡和监督，周某无法证明公司财产独立于个人财产，因此，法院最终认定周某应对公司债务承担连带责任。

[法律问题]

周某是否需以个人财产对公司的债务承担清偿责任?

[法律分析]

《公司法》第三条规定:公司是企业法人,有独立的法人财产,享有法人财产权。公司以其全部财产对公司的债务承担责任。"有限责任公司的股东以其认缴的出资额为限对公司承担责任;股份有限公司的股东以其认购的股份为限对公司承担责任。"第六十三条:"一人有限责任公司的股东不能证明公司财产独立于股东自己的财产的,应当对公司债务承担连带责任。"公司具有独立法人地位、公司财产与股东财产相分离、股东承担有限责任是公司人格制度的三大支柱。公司作为企业法人,具有民事权利能力和民事行为能力,依法独立享有民事权利和承担民事责任。公司承担民事责任的范围是其所有的全部财产;其财产不足以清偿到期债务时,将面临破产。通常情况下,公司的股东仅对公司承担有限责任。换言之,当公司发生债务责任时,股东并不直接对债权人负责,公司作为责任主体,以其全部资产对外承担债务。股东以出资额为限对公司的债务承担责任,也就是说,除法律规定的特殊情形外,股东在依照有关法律和公司章程的规定履行了出资义务后,对公司债务将不再承担清偿责任。本案例中,公司属于一人公司,实际运营过程中可能无法全面体现独立法人地位。具体来说,一人公司因其股东的唯一性,使得以股东会、董事会、监事会为制衡体系的传统法人治理结构不再发挥作用，股东的单一性容易造成股东与公司人格混同、财产混同，股东对公司操作不当等问题，如将公司财产进行挪用、以公司名义为自己担保等。一人股东为了实现自身经济利益的最大化，有可能最大限度地恶意滥用公司和股东的有限责任来逃避法定义务，损害公司债权人的利益。

为了有效防范股东的权利滥用，特别是为了将公司财产与股东个人财产严格分离，《公司法》亦对一人公司建立了严密的风险防范制度：其一，一人公司设立数量的要求。《公司法》第五十八条规定："一个自然人只能投资设立一个一人有限责任公司。该一人有限责任公司不能投资设立新的一人有限责任公司。"该条规定是为了避免个人操控多家一人公司，以规避义务、损害利益相关人的权益。其二，公示要求。《公司法》第五十九条规定："一人有限责任公司应当在公司登记中注明自然人独资或者法人独资，并在公司营业执照中载明。"第六十一条规定："一人有限责任公司不设股东会，股东作出本法第三十七条第一款所列决定时，应当采用书面形式，并由股东签字后置备于公司。"根据以上条款规定，一人公司需将股东的重要信息和重要决定予以公示，以便于交易人进行查询，从而有效地预测风险。其三，财务审计要求。《公司法》第六十二条规定："一人有限责任公司应当在每一会计年度终了时编制财务会计报告，并经会计师事务所审计。"外部独立事务所对财务会计报告进行审计，为交易人提供客观的财务数据。其四，法人人格否定制度。《公司法》第六十三条规定："一人有限责任公司的股东不能证明公司财产独立于股东自己的财产的，应当对公司债务承担连带责任。"

本案例中，周某向公司出资人民币12万元，原本公司的财产应当作为独立的法人财产，不能与周某个人财产相混淆。但由于周某作为一人股东，独立控制公司，导致公司财产与其个人财产混同、会计记录混同、公司营业场所与股东个人居所合一。因此，本案法院依据《公司法》第六十四条判决周某以其个人财产对公司的债务承担连带清偿责任是正确的，有效保护了债权人的利益。

［案例拓展］

公司的股东对公司承担有限责任，只要股东不滥用其对公司的有限责任，股东的有限责任将受到法律的充分保护。特别是一人公司的股东，应当严格遵守《公司法》的相关要求，避免股东与公司人格混同、财产混同。为了避免股东滥用权利，《公司法》第二十条第三款以成文法的形式确立了"揭开法人面纱"制度的适用条件。滥用公司法人独立地位的具体表现形式通常为公司资本严重不足和股东与公司人格高度混同。《公司法》重点对股东与公司人格高度混同进行了说明。混同行为可分为身份混同和资产混同，"身份混同"指股东担任公司的重要职务，让交易对象无法区分股东代表的是个人还是公司；"资产混同"是指股东个人资产和公司资产混同，难以分辨。换言之，存在滥用公司法人独立地位的行为以及损害债权人利益的事实时，就符合了"揭开法人面纱"制度的适用条件，股东则需要承担无限连带责任。

问题5：
小股东发现大股东有转移公司资产行为时
应如何应对？

[案例]

　　丁某在2007年的时候投资300万入股浙江某光伏设备股份有限公司，占了10%的股份。近年来国家产业政策进行了大幅度的调整，国内、国际市场出现很大的变化，光伏产业由朝阳产业变成夕阳产业。公司经营举步维艰，连续几年亏损，经常有供货商到公司讨债。而且，丁某发现董事长曾某等与其他公司高管勾结，有转移公司资产的嫌疑。比如，曾某擅自决定以公司名义给他经营的一家体育用品公司作担保，从银行贷款200万元。公司总经理吴某，也是大股东，从公司财务部门违规借支500万元在杭州买了一套住宅。丁某考虑到该公司经营发展前景不好，而且公司的其他股东有转移财产的可能，所以和董事长曾某协商，希望能退股。但曾某不同意，态度强硬，明确告诉丁某，钱一分不退。

[法律问题]

丁某应该怎么办？

[法律分析]

第一，丁某可以提起解散该公司的诉讼，从而分得公司财产。《公司法》第一百八十二条规定："公司经营管理发生严重困难，继续存续会使股东利益受到重大损失，通过其他途径不能解决的，持有公司全部股东表决权百分之十以上的股东，可以请求人民法院解散公司。"

因为丁某持有公司股份的10%，所以他有权向人民法院提起诉讼，要求解散该光伏设备股份有限公司。因为该公司大股东曾某、吴某明确表示一分钱不退给丁某，所以丁某可以破釜沉舟，申请该公司破产，通过破产清算的方式得到一部分公司的财产。

第二，在向法院提起解散公司诉讼时，要明确主体，避免延误诉讼时间。《最高人民法院关于适用<中华人民共和国公司法>若干问题的规定（二）》第四条规定："股东提起解散公司诉讼应当以公司为被告。原告以其他股东为被告一并提起诉讼的，人民法院应当告知原告将其他股东变更为第三人；原告坚持不予变更的，人民法院应当驳回原告对其他股东的起诉。原告提起解散公司诉讼应当告知其他股东，或者由人民法院通知其参加诉讼。其他股东或者有关利害关系人申请以共同原告或者第三人身份参加诉讼的，人民法院应予准许。"

虽然丁某与大股东曾某、吴某有矛盾，但应当冷静对待，不要意气用事。以曾某、吴某为被告的话，丁某会被法院驳回起诉，耽误诉讼时间。丁某应当以公司为被告，请求法院解散该公司。

第三，为了避免曾某等人转移公司财产，丁某可以在提起诉讼的同时申请公司的财产保全。在日常生活中经常可以看到这种现象，当债权人向债务人讨债时，债务人一边推脱，一边隐匿、转移财产。为了避免曾某、吴某在诉讼过程中转移公司的财产，丁某应当在提起解散公司诉讼的同时，申请诉讼财产保全，请法院对公司的财产进行冻结或查封。

《最高人民法院关于适用〈中华人民共和国公司法〉若干问题的规定（二）》第三条规定："股东提起解散公司诉讼时，向人民法院申请财产保全或者证据保全的，在股东提供担保且不影响公司正常经营的情形下，人民法院可予以保全。"

所以，丁某可以提供财产担保，申请法院对公司财产进行诉讼保全，避免曾某等利用诉讼阶段转移公司的财产。

第四，在诉讼阶段，丁某要利用好法院的调解程序，通过调解让对方同意其撤股的要求，从而快速解决问题。

《最高人民法院关于适用〈中华人民共和国公司法〉若干问题的规定（二）》第五条规定："人民法院审理解散公司诉讼案件，应当注重调解。当事人协商同意由公司或者股东收购股份，或者以减资等方式使公司存续，且不违反法律、行政法规强制性规定的，人民法院应予支持。当事人不能协商一致使公司存续的，人民法院应当及时判决。"

从这条规定可以看出，解散公司的诉讼程序中有一个法院主持调解的过程。在这个过程中，公司的那些大股东们往往会对小股东们的要求做出让步。因为一旦公司被法院判决解散，公司将面临破产清算，公司的财产优先支付员工的工资、社保、税款以及银行的贷款等，股东们剩下的财产就不多了，公司解散的后果对大股东们的影响是最严重的。所以，这些大股东们为了公司存续，往往会与小股东们协商，由公司或其他股东收购小股东们的股份。这种结果对丁某是有利的，可以直接解决问题，避免冗长的诉讼程序。

针对曾某为自己公司提供担保的事项，丁某可以要求他取消担保，或为他的担保提供再担保。《公司法》第十六条规定："公司向其他企业投资或者为他人提供担保，依照公司章程的规定，由董事会或者股东会、股东大会决议；公司章程对投资或者担保的总额及单项投资或者担保的数额有限额规定的，不得超过规定的限额。公司为公司股东或者实际控制人提供担保的，必须经股东会或者股东大会决议。前款规定的股东或者受前款规定的实际控制人支配的股东，不得参加前款规定事项的表决。该项表决由出席会议的持表决权的其他股东过半数通过。"曾某以光伏设备股份有限公司的名义，擅自为自己的公司提供担保，说明曾某的担保根本没有召开股东大会，没有履行相应的法律程序，因此是无效的。丁某可以要求曾某取消担保，或者用自己的个人财产对光伏设备股份有限公司的担保提供再担保，以避免公司财产出现损失。

丁某可以自己的名义起诉公司总经理吴某归还欠款。《公司法》第一百一十五条规定："公司不得直接或者通过子公司向董事、监事、高级管理人员提供借款。"

　　吴某作为公司高管，利用职权擅自挪用公司财产用于私人购买住房，明显是违法行为。丁某可以起诉吴某，要求他在一定期限内归还公司欠款，并申请法院对吴某所购买的房屋进行诉讼财产保全。

问题6：
合伙开公司被坑了怎么办？

［案例］

　　江西某大学的小王、小李和小张是好友。2011年，大学毕业后的三人共同投资成立了一家汽车租赁有限责任公司。小王投资100万元，占10%的股份，小李占50%的股份，小张占40%的股份。小王后来由于自身原因要到外地工作，所以，公司的日常经营由小李、小张负责，小李担任董事长，小张担任总经理。虽然公司日常看来经营得红红火火，但6年来，每到年底结算时，小李、小张都告诉小王公司在赔钱经营，没有钱给股东们分红。小王向小张提出要看公司账簿，小张拒绝了。后来，小王经过调查发现公司财务账目不清，小李将公司汽车的维修业务定在了小李老婆开的汽车修配厂，而且零部件的价格也远远高于市场价格。小王知道这些事情后，和小李、小张争吵了许多次，最后心灰意冷，提出退股，要求公司退回以前他投资的100万元，但小李、小张不同意，表示这是不可能的事情。

[法律问题]

小王能拿回自己入股的资金吗？小王应当怎样保护自己的权利？

[法律分析]

小王提出的退股要求是不合法的，小李和小张有权拒绝他。因为从理论上讲，有限责任公司是法人，是人格化的社会组织，股东的投资构成了公司的资本，那么公司的资本就是一个独立的法人财产，享有法人的财产权。如果任由股东退股，公司的财产就会减少，从而使公司独立承担债务的能力下降，损害了公司债权人的利益。小王在公司的投资只能由公司支配，而不能由公司的股东个人支配，所以，小王的投资是不能拿回来的。《公司法》第三十五条规定：公司成立后，股东不得抽逃出资。小王要求退股，减少了公司的注册资本，实际上就是将出资抽逃。所以，法院是不会支持小王的主张的。

不过，小王可以采取以下几种方法来维护他的合法权益。

第一种方法：小王向法院起诉小李，以小李利用关联关系损害公司利益为由，要求小李赔偿公司的损失。《公司法》第二十一条规定："公司的控股股东、实际控制人、董事、监事、高级管理人员不得利用其关联关系损害公司利益。违反前款规定，给公司造成损失的，应当承担赔偿责任。"小李利用特殊的关系，采取左手出右手入的方式，将公司的利益转移到其他公司，给公司造成损失。小王可以向法院起诉，要求小李赔偿公司的损失。

第二种方法：小王将公司股权转让给小李或小张，由小李或小张出一笔钱将小王的股权买下来。《公司法》第七十一条规定："有限责任公司的股东之间可以相互转让其全部或者部分股权。股东向股东以外的人转让股权，应当经其他股东过半数同意。股东应就其股权转让事项书面通知其他股东征求同意，其他股东自接到书面通知之日起满三十日未答复的，视为同意转让。其他股东半数以上不同意转让的，不同意的股东应当购买该转让的股权；不购买的，视为同意转让。经股东同意转让的股权，在同等条件下，其他股东有优先购买权。两个以上股东主张行使优先购买权的，协商确定各自的购买比例；协商不成的，按照转让时各自的出资比例行使优先购买权。公司章程对股权转让另有规定的，从其规定。"从这条规定可以看出，小王虽然不能退股，但可以将自己的公司股权卖掉。如果小李、小张不同意将公司股权卖给外人，则他们只能自己出资购买小王的股权，这样客观上也达到了小王退股的目的。

第三种方法：如果小李、小张既不同意小王向其他人转让股权，自己又不想购买，为了尽快解决争议，小王可以通过迂回的方式转让自己的股权。小王可以找有意向购买公司股权的人，写下欠条，然后让他起诉小王欠债不还，由法院强制执行转让小王的股权。《公司法》第七十二条规定："人民法院依照法律规定的强制执行程序转让股东的股权时，应当通知公司及全体股东，其他股东在同等条件下有优先购买权。其他股东自人民法院通知之日起满二十日不行使优先购买权的，视为放弃优先购买权。"《公司法》第七十三条规定："依照本法第七十一条、第七十二条转让股权后，公司应当注销原股东的出资证明书，向新股东签发出资证明书，并相应修改公司章程和股东名册中有关股东及其出资额的记载。对公司章程的该项修改不需再由股东会表决。"所以，小王可以通过法律诉讼的形式，简单、快速地转让自己的股权，避免与小李、小张纠缠不清。

第四种方法：小王可以直接要求公司收购其股份。《公司法》第七十四条规定："有下列情形之一的，对股东会该项决议投反对票的股东可以请求公司按照合理的价格收购其股权：（一）公司连续五年不向股东分配利润，而公司该五年连续盈利，并且符合本法规定的分配利润条件的；（二）公司合并、分立、转让主要财产的；（三）公司章程规定的营业期限届满或者章程规定的其他解散事由出现股东会会议通过决议修改章程使公司存续的。自股东会会议决议通过之日起六十日内，股东与公司不能达成股权收购协议的，股东可以自股东会会议决议通过之日起九十日内向人民法院提起诉讼。"小王可以以公司连续六年不向股东分配利润为由，要求公司收购其所有的股份。如果公司拒绝，小王可以以自己的名义，向法院起诉。

第五种方法：小王可以要求查阅公司财务账目。《公司法》第三十三条规定："股东可以要求查阅公司会计账簿。股东要求查阅公司会计账簿的，应当向公司提出书面请求，说明目的。公司有合理根据认为股东查阅会计账簿有不正当目的，可能损害公司合法利益的，可以拒绝提供查阅，并应当自股东提出书面请求之日起十五日内书面答复股东并说明理由。公司拒绝提供查阅的，股东可以请求人民法院要求公司提供查阅。"所以，小王可以书面的形式提出查账的要求。如果小张继续拒绝，则小王可以提请法院要求公司提供财务账目。因为现在企业的税费负担较重，一些企业为了逃税，往往建立财务的"阴阳账"。小王在查账时，应当根据公司的缴税记录，结合自己掌握的财务情况来查。如果能发现公司有偷税、漏税的行为，则小王就有条件和小李、小张进行谈判了。

[案例拓展]

从这个案例可以看出，合伙做生意时，一定要有危机意识，不能因为实际经营者是朋友就盲目信任，而是要时时准备好运用法律武器来保护自己的合法权益，避免兄弟成仇人。

问题7：
有限责任公司与股份有限公司之间能否变更?

[案例]

刘某的某教育培训有限责任公司自成立后，发展势头良好，每年的业绩增长率都能达到50%，吸引了很多投资者的注意，他们纷纷向刘某表示出投资意向，希望投资入股该公司从而搭上公司发展的顺风车。刘某也有计划几年后培育公司上市，所以希望将有限责任公司改变为股份有限公司，以利于广泛融资，使公司得到更好的发展。

[法律问题]

该公司可否变更为股份有限公司?

[法律分析]

该教育培训有限责任公司变更为股份有限公司是可行的。根据《公司法》第九条第一款规定："有限责任公司变更为股份有限公司，应当符合本法规定的股份有限公司的条件。"《公司法》第九十五条规定："有限责任公司变更为股份有限公司时，折合的实收股本总额不得高于公司净资产额。有限责任公司变更为股份有限公司，为增加资本公开发行股份时，应当依法办理。"

所以，刘某在办理有限责任公司变更为股份有限公司时要核算好公司资产，并折合成公司股份。具体的步骤应当是这样的：第一步，成立改制工作小组，制定股改方案。改制工作小组应当由董事长牵头，各部门负责人参加，针对企业改制事项落实责任分工，制定股改方案。改制方案应当包括资产明细、资产折股、股东认股、业务重组等内容。同时，还应请律师事务所、会计师事务所协助公司进行改制工作。第二步，经股东大会审议通过股改方案后，有限责任公司的原股东作为发起人，签署发起人协议。股份有限公司的发起人，是由全体公司股东担任的。股份有限公司的股东人数一般为2人以上200人以下。在成立股份有限公司时，发起人之间应订立协议，明确彼此之间的权利和义务，规定未来股份公司的性质、公司治理结构等重要事项。在协议中一般应当包括：公司名称、注册资本、经营范围、股东构成、出资形式、组织机构、增资、减资、合并、分立、终止等《公司法》中规定的事项。第三步，会计师事务所经过尽职调查后，对公司资产、营业收入、税收等方面的财务情况出具审计报告，对于公司的土地、房屋、技术等非货币

看了就能懂的
KANLE JIU NENG DONG DE
法律常识
FALU CHANGSHI
ZHONG-XIAO QIYE FALU FENGXIAN FANGKONG
中小企业法律风险防控

资产也要聘请资产评估机构出具资产评估报告。审计报告的内容一般包括：（1）公司财务费用报销制度等财务管理制度。（2）资产报表、毛利润报表、纯利润报表、流动资产报表。（3）负债报告、关联交易记录、记账凭证、会计凭证。（4）纳税记录、税务报告以及相关税收收据。（5）对外投资记录、银行回单、投资收益表等。第四步，制定《股份有限公司章程（草案）》《股东大会关于公司改制的决议》《发起人协议》等法律文件，提交创立大会审议。首先，公司章程是规定股份公司设立最基本条件的法律文件，被称为股份公司的"宪法"。《公司法》第十一条规定："设立公司必须依法制定公司章程。公司章程对公司、股东、董事、监事、高级管理人员具有约束力。"《公司法》第十二条第一款规定："公司的经营范围由公司章程规定，并依法登记。公司可以修改公司章程，改变经营范围，但是应当办理变更登记。"所以，股份有限公司的设立，必须优先制定公司章程，以规定公司运行的基本框架。其次，公司章程规范公司的内部运作，明确股东之间以及股东和董事、监事、高管之间的权利和义务。最后，公司章程是公司与其他公司进行经营合作的基本框架文件，合作企业可以通过查看股份公司在工商管理部门公示的企业章程，了解企业的性质、经营范围、组织框架等内容。所以，制定一个合规、严谨的股份公司章程，有利于公司下一步上市后，吸引机构投资者的投资。第五步，召开创立大会，由全体认股人参加。《公司法》第九十条规定："发起人应当在创立大会召开十五日前将会议日期通知各认股人或者予以公告。创立大会应有代表股份总数过半数的发起人、认股人出席，方可举行。"创立大会应当安排专人将有关股份公司改制事项的决定做成会议记录，由出席会议的股东在会议记录上签名。在发起人创立大会上做出的决议,应当由出席大会的股东、有起草权的股东过半数通过。按照公司章程设立的议事程序和表决方法,对改制问题进行表决。关于股份公司改制决议,应当经代表三分之二的表决权的股东表决通过。第六步,根据《公司法》第八十三条第一款规定:"以发起设立方式设立股份有限公司的,发起人应当书面认足公司章程规定其认购的股份,并按照公司章程规定缴纳出资。以非货币财产出资的,应当依法办理其财产权的转移手续。"发起人应将认缴的资金存入专项账户。原有限责任公司的股份折股后,由验资机构出具证明,办理非货币资产转移登记手续。要求如下:(1)原有限公司股东进行原所持股份的折股工作,将重新核算股份公司持股比例,会计师事务所出具验资证明。(2)对以房屋、土地、设备等实物或以技术、商标等知识产权出资的,应办理产权转移手续,并由资产评估机构出具验资报告。(3)新的股东增加注册资本的,应设立验资账户,发起人应出资认缴股份。发起人按照协议认缴货币资本到验资账户,新增股东认缴资本的,也应认缴到验资账户。第七步,董事会在创立大会结束后30日内,负责准备申报材料,安排专人向工商部门申请办理股份有限公司的变更登记手续。

[案例拓展]

有限责任公司有较强的人合性,主要表现在股东人数有最高限额、不得募集设立、股东对转让股权有优先购买权、股东对公司章程可自由约定等方面。从设立过程来看,有限责任公司的设立程序更为简单。如果发起人希望成立规模较大的公司，则可以通过募集设立的方式成立股份有限公司，便能够获得更多的注册资本。不过，相对于有限责任公司，《公司法》对股份有限公司有较多的强制性法律规定。公司的发起人应当充分认识有限责任公司与股份有限公司的区别，慎重选择公司类型。

问题8：
公司的经营范围应如何变更？

[案例]

　　杭州某编织股份有限公司是一家从事羊毛衫生产的公司，公司董事长毛某看到近年来房地产市场火爆，决定实行经营战略转移，将公司的主要业务从羊毛衫生产转为房地产开发。董事长毛某做出决策后，立即安排公司得力员工开始考察房地产市场，并现场勘测地块，准备参加土地拍卖，招聘施工队，在房地产开发市场上一展身手。

[法律问题]

　　毛某这样变更公司经营范围是否可行？

［法律分析］

第一，董事长个人做出公司经营范围变更的决策是无效的。《公司法》第一百零三条第二款规定："股东大会作出决议，必须经出席会议的股东所持表决权过半数通过。但是，股东大会作出修改公司章程增加或者减少注册资本的决议，以及公司合并、分立、解散或者变更公司形式的决议，必须经出席会议的股东所持表决权的三分之二以上通过。"公司经营范围的改变涉及公司章程的修改，所以需要召开股东大会，由出席会议的股东所持表决权的三分之二以上通过。董事长毛某个人决定变更公司的经营范围是不对的。如果毛某希望改变公司的经营范围，应当按照法定的程序，先将变更公司经营范围的议案上报董事会。《公司法》第一百一十一条规定："董事会会议应有过半数的董事出席方可举行。董事会作出决议，必须经全体董事的过半数通过。董事会决议的表决，实行一人一票。"当董事会通过董事长毛某的议案后，再上报到股东大会，经股东大会股东所持表决权三分之二通过后，写下股东大会决议和公司章程修正案并由全体股东签字，这样才能决定变更公司的经营范围。

第二，董事长毛某应当先到市场监督部门办理经营范围变更登记后，才能从事房地产开发的业务。《公司法》第十二条第一款规定："公司的经营范围由公司章程规定，并依法登记。公司可以修改公司章程，改变经营范围，但是应当办理变更登记。"所以，毛某应当签署《公司变更登记申请书》《指定代表或者共同委托代理人的证明》，以及公司章程修正案等法律文件，派专人携带公司营业执照副本以及其他许可证书复印件或许可证明，到市场监督部门办理变更登记。如果公司不办理经营范围变更登记就从事房地产开发业务，则会受到市场监管部门的行政处罚。因为《公司法》第二百一十一条第二款规定："公司登记事项发生变更时，未依照本法规定办理有关变更登记的，由公司登记机关责令限期登记；逾期不登记的，处以一万元以上十万元以下的罚款。"

第三，该股份有限公司没有资质从事房地产开发业务。《公司法》第十二条第二款规定："公司的经营范围中属于法律、行政法规规定须经批准的项目，应当依法经过批准。"因为毛某所在的企业要申请开展房地产开发业务，所以需要得到土地和城建管理部门的许可。根据《中华人民共和国城市房地产管理法》（以下简称《城市房地产管理法》）第三十条规定："房地产开发企业是以营利为目的，从事房地产开发和经营的企业。设立房地产开发企业，应当具备下列条件：（一）有自己的名称和组织机构；（二）有固定的经营场所；（三）有符合国务院规定的注册资本；（四）有足够的专业技术人员；（五）法律、行政法规规定的其他条件。设立房地产开发企业，应当向工商行政管理部门申请设立登记。工商行政管理部门对符合本法规定条件的，应当予以登记，发给营业执照；对不符合本法规定条件的，不予登记。设立有限责任公司、股份有限公司，从事房地产开发经营的，还应当执行公司法的有关规定。房地产开发企业在领取营业执照后的一个月内，应当到登记机关所在地的县级以上地方人民政府规定的部门备案。"2022年3月2日住房和城乡建设部修改后的《房地产开发企业资质管理规定》第五条规定："房地产开发企业按照企业条件分为一、二两个资质等级。各资质等级企业的条件如下：（一）一级资质：1．从事房地产开发经营5年以上；2．近3年房屋建筑面积累计竣工30万平方米以上，或者累计完成与此相当的房地产开发投资额；3．连续5年建筑工程质量合格率达100%；4．上一年房屋建筑施工面积15万平方米以上，或者完成与此相当的房地产开发投资额；5．有职称的建筑、结构、财务、房地产及有关经济类的专业管理人员不少于40人，其中具有中级以上职称的管理人员不少于20人，专职会计人员不少于4人；6．工程技术、财务、统计等业务负责人具有相应专业中级以上职称；7．具有完善的质量保证体系，商品住宅销售中实行了《住宅质量保证书》和《住宅使用说明书》制度；8．未发生过重大工程质量事故。（二）二级资质：1．有职称的建筑、结构、财务、房地产及有关经济类的专业管理人员不少于5人，其中专职会计人员不少于2人；2．工程技术负责人具有相应专业中级以上职称，财务负责人具有相应专业初级以上职称，配有统计人员；3．具有完善的质量保证体系。"对照上述法律、法规规定的条件，毛某的企业肯定不具备从事房地产开发业务的资格，因此工商管理部门不会给毛某的公司办理经营范围变更的登记。

第四，如果董事长毛某仍要将公司业务扩展到房地产领域，可以采取迂回策略。一种方法是该股份有限公司以股东的身份投资一家房地产开发公司，以购买股份的形式取得房地产开发公司的股权，成为控股股东。《公司法》第二百一十六条第（二）项规定："控股股东，是指其出资额占有限责任公司资本总额百分之五十以上或者其持有的股份占股份有限公司股本总额百分之五十以上的股东；出资额或者持有股份的比例虽然不足百分之五十，但依其出资额或者持有的股份所享有的表决权已足以对股东会、股东大会的决议产生重大影响的股东。"通过这种方式，不需要办理公司经营范围的变更登记，就可以实现公司经营重心的战略转移。另一种方法是购买濒于破产的房地产开发企业。要选择那些没有太多的债务和不良债权，具备一定的盈利能力和重组的可塑性的公司，然后通过现金收购或资产、股权置换等方式成为控股股东，利用重组后的董事会对该公司进行清理和内部重组，剥离不良资产或改善该公司原有业务状况，提高经营业绩，使这家房地产公司成为自家公司的子公司。

[案例拓展]

俗话说"隔行如隔山"，在企业准备进入全新领域的时候，一定要了解该行业的准入条件，以及有关的法律法规，切勿盲动，使自己的企业受到损失。

问题9：
上市公司有哪些种类？

[案例]

莫某和令某都是互联网企业的老总，两人最近就互联网企业上市问题展开了争论：莫某认为互联网软件开发公司大多数是中小企业，很难成为上市公司；而令某却认为互联网软件公司很容易成为上市公司，企业的老板也很容易成为上市公司的老总。两人对此争执不休。

[法律问题]

谁的说法更正确呢？

[法律分析]

第一，上市公司的概念有广义和狭义之分。狭义的上市公司，是指《公司法》第一百二十条规定的上市公司："本法所称上市公司，是指其股票在证券交易所上市交易的股份有限公司。"此类公司的股票在主板、中小板以及创业板上市。广义的上市公司则涵盖很广，凡是公司的股份可以在市场上进行交易的，都被人们习惯性地称为"上市公司"，包括在新三板挂牌公司和在区域性股权交易市场进行股份交易的公司。

第二，股票在主板市场上市的公司。主板市场是指传统意义上的证券市场，是一个国家或地区证券发行、上市及交易的主要场所。在我国，主要是指在上海证券交易所和深圳证券交易所这两个市场上市的公司。主板市场对这些公司的规模、条件要求都比较高。《中华人民共和国证券法》（以下简称《证券法》）第十二条规定："公司首次公开发行新股，应当符合下列条件：（一）具备健全且运行良好的组织机构；（二）具有持续经营能力；（三）最近三年财务会计报告被出具无保留意见审计报告；（四）发行人及其控股股东、实际控制人最近三年不存在贪污、贿赂、侵占财产、挪用财产或者破坏社会主义市场经济秩序的刑事犯罪；（五）经国务院批准的国务院证券监督管理机构规定的其他条件。上市公司发行新股，应当符合经国务院批准的国务院证券监督管理机构规定的条件，具体管理办法由国务院证券监督管理机构规定。公开发行存托凭证的，应当符合首次公开发行新股的条件以及国务院证券监督管理机构规定的其他条件。"

第三，股票在中小板上市的公司。有些企业的条件达不到主板市场的要求，所以只能在中小板市场上市。《首次公开发行股票并上市管理办法》第二十六条规定："发行人应当符合下列条件：（一）最近3个会计年度净利润均为正数且累计超过人民币3000万元，净利润以扣除非经常性损益前后较低者为计算依据；（二）近3个会计年度经营活动产生的现金流量净额累计超过人民币5000万元；或者最近3个会计年度营业收入累计超过人民币3亿元；（三）发行前股本总额不少于人民币3000万元；（四）最近一期末无形资产（扣除土地使用权、水面养殖权和采矿权等后）占净资产的比例不高于20%；（五）最近一期末不存在未弥补亏损。"

第四，股票在创业板上市的公司。创业板，又称二板市场（Second-Board Market），是与主板市场（Main-Board Market）不同的一类证券市场，其主要是为解决创业型企业、中小型企业及高科技产业企业等融资和发展问题而设立。创业板与主板市场相比，上市要求往往更加宽松，主要体现在成立时间、资本规模、中长期业绩等的要求上。《首次公开发行股票并在创业板上市管理暂行办法》第十条规定："发行人申请首次公开发行股票应当符合下列条件：（一）发行人是依法设立且持续经营三年以上的股份有限公司。有限责任公司按原账面净资产值折股整体变更为股份有限公司的，持续经营时间可以从有限责任公司成立之日起计算；（二）最近两年连续盈利，最近两年净利润累计不少于一千万元；或者最近一年盈利，最近一年营业收入不少于五千万元。净利润以扣除非经常性损益前后孰低者为计算依据；（三）最近一期末净资产不少于二千万元，且不存在未弥补亏损；（四）发行后股本总额不少于三千万元。"

第五，广义的在新三板挂牌的上市公司。新三板的正式名称叫作全国中小企业股份转让系统，是由国务院批准，依据《证券法》设立的全国性证券交易场所，它的服务对象与主板、创业板的企业不同，主要是中小企业。它提供交易平台，为非上市公众公司提供股份的转让以及融资的业务，提供证券交易的技术系统和设施，并为机构投资者和有资质的投资者提供投资的平台。现全国中小企业股份转让系统是继上海证券交易所、深圳证券交易所之外的第三家全国性证券交易场所，所以也有人将其称为"北交所"。《全国中小企业股份转让系统业务规则（试行）》2.1规定："股份有限公司申请股票在全国股份转让系统挂牌，不受股东所有制性质的限制，不限于高新技术企业，应当符合下列条件：（一）依法设立且存续满两年。有限责任公司按原账面净资产值折股整体变更为股份有限公司的，存续时间可以从有限责任公司成立之日起计算；（二）业务明确，具有持续经营能力；（三）公司治理机制健全，合法规范经营；（四）股权明晰，股票发行和转让行为合法合规；（五）主办券商推荐并持续督导；（六）全国股份转让系统公司要求的其他条件。"从这条规定可以看出，对于申请在新三板挂牌的企业，全国股份转让系统没有指标性的限制，仅要求是存续满两年的股份有限公司，这样的条件很多企业都符合。有以下几种企业适合在新三板上市：（1）创业期的中小企业。这些企业具有一定的技术成果，未来的市场前景也十分广阔，但由于缺少资金，同时面临融资难的问题，导致无法扩大生产规模。通过在新三板挂牌，机构投资者和自然人投资者可以考察这些企业的生产经营状况，对发展前景好、市场空间大的企业可以加大投资，这样就有效地解决了中小企业融资难的问题。（2）已经具有一定规模的地方品牌企业。虽然这些企业具有较大的发展潜力，但由于资金、技术、名气的限制，很难进一步扩大规模，增加市场份额。通过在新三板挂牌，企业成为非上市公众公司，企业的生产经营以及核心竞争力等展示在公众面前，增加了企业的知名度，可吸引更多的资金、技术和人才。（3）不符合在主板、中小企业板或创业板上市条件的部分企业。这些企业可以通过新三板来规范公司治理结构，厘清财务管理模式，待条件成熟后，根据新三板的转板规定，进行转板。（4）对于一些有自己的核心技术，具有冒险精神的创新型企业。这类企业可以通过在新三板挂牌，吸引更多风投基金的关注，从而有效地扩大生产规模。综上所述，对于要在新三板挂牌的公司来说，没有什么具体条件的限制，只要是依法存续两年的有限责任公司，就可以申请挂牌。非高科技的中小企业，如教育培训、汽车租赁、餐饮旅游、家政服务等行业，都可以通过在新三板挂牌有一个融资、募资的渠道，并成为全国性的公众公司。

第六，广义的在区域性股权交易市场上市的公司。区域性股权交易市场，也就是俗称的"四板市场"，是由地方政府批准和监管，为特定区域内的企业提供股权、债券的转让和融资服务的私募市场，它的特点是信用等级比较低而投资风险比较大。由于区域性股权交易市场的规则是由各地的地方政府制定的，容易受到地方行政力量的控制和切割，给金融监管增加了难度。区域性股权交易市场现在全国有四十余家，几乎每个省份都设立了区域性股权交易中心，这些交易中心属于省级国有金融公司。

《关于规范发展区域性股权市场的通知》规定："区域性股权市场

是主要服务于所在省级行政区域内中小微企业的私募股权市场，是多层次资本市场体系的重要组成部分，是地方人民政府扶持中小微企业政策措施的综合运用平台。"它的职能应遵循《关于规范证券公司参与区域性股权交易市场的指导意见（试行）》第二条的规定："区域性市场是为市场所在地省级行政区域内的企业特别是中小微企业提供股权、债券的转让和融资服务的私募市场，接受省级人民政府监管。"这些企业没有要求必须是股份有限公司，但这些公司股东的人数不得超过200人。

[案例拓展]

所以，莫某和令某所说的都有一定的道理，其分歧点在于所讨论的是狭义的上市公司还是广义的上市公司。但不论怎么说，成为上市公司的老总不是企业家们遥不可及的梦。从上面的解释中可以看出，上市公司有不同的种类，每一位老板都有可能成为上市公司的老总。

⚖ 问题10：
收购上市公司应该注意哪些问题？

[案例]

河南某集团是一家大型的化工企业，以生产石油化工产品为主业。为了扩大公司经营范围，延伸公司的产业链，集团决定收购舟山某石油化工股份有限公司。这家公司是一家上市公司，资产在十个亿左右。集团初步意向是收购该公司50%以上的股份，确定以一年为收购期限，如果收购股票的情况不是很理想，集团可以撤回收购的公告。

[法律问题]

集团做出收购决策后，收购该石油化工股份有限公司要注意的事项有哪些？

[法律分析]

第一，集团收购该石油化工股份有限公司，可以采取多种方式。《证券法》第六十二条规定："投资者可以采取要约收购、协议收购及其他合法方式收购上市公司。"所谓的要约收购，就是收购者向上市公司的所有股东或中小公司股票持有者发出公告，表明要以公告中所列的条件购买公司的股票，以达到收购该上市公司的目的。所谓的协议收购，是指收购者在证券交易所以外，与该上市公司的大股东进行协商，就股票的价格、数量等达成协议。其他合法方式主要是指公开市场收购，也就是收购者在证券交易市场上通过直接购买该上市公司股票的方式，达到控制该公司的目的。这是当今一些金融大鳄经常采取的一种手段，以达到控制有发展潜力的公司从而进行圈钱的目的。所以，集团可以根据自己的实际情况，选择最有利的收购方式。

第二，不论集团采取什么样的收购方式，在收购该公司的股份达到30%以后，则必须采取要约收购的方式。因为集团计划收购该石油化工股份有限公司50%的股份，在收购该公司的股份达到30%以后，应当编制要约收购报告书，聘请财务顾问，通知被收购公司，同时对要约收购报告书摘要做出提示性公告。因为《证券法》第六十三条规定："通过证券交易所的证券交易，投资者持有或者通过协议、其他安排与他人共同持有一个上市公司已发行的有表决权股份达到百分之五时，应当在该事实发生之日起三日内，向国务院证券监督管理机构、证券交易所作出书面报告，通知该上市公司，并予公告，在上述期限内不得再行买卖该上市公司的股票，但国务院证券监督管理机构规定的情形除外。投资者持有或者通过协议、其他安排与他人共同持有一个上市公司已发行的有表决权股份达到百分之五后，其所持该上市公司已发行的有表决权股份比例每增加或者减少百分之五，应当依照前款规定进行报告和公告，在该事实发生之日起至公告后三日内，不得再行买卖该上市公司的股票，但国务院证券监督管理机构规定的情形除外。投资者持有或者通过协议、其他安排与他人共同持有一个上市公司已发行的有表决权股份达到百分之五后，其所持该上市公司已发行的有表决权股份比例每增加或者减少百分之一，应当在该事实发生的次日通知该上市公司，并予公告。违反第一款、第二款规定买入上市公司有表决权的股份的，在买入后的三十六个月内，对该超过规定比例部分的股份不得行使表决权。"

根据《上市公司收购管理办法》第二十九条规定："前条规定的要约收购报告书，应当载明下列事项：（一）收购人的姓名、住所，收购人为法人的，其名称、注册地及法定代表人，与其控股股东、实际控制人之间的股权控制关系结构图；（二）收购人关于收购的决定及收购目的，是否拟在未来12个月内继续增持；（三）上市公司的名称、收购股份的种类；（四）预定收购股份的数量和比例；（五）收购价格；（六）收购所需资金额、资金来源及资金保证，或者其他支付安排；（七）收购要约约定的条件；（八）收购期限；（九）公告收购报告书时持有被收购公司的股份数量、比例；（十）本次收购对上市公司的影响分析，包括收购人及其关联方所从事的业务与上市公司的业务是否存在同业竞争或者潜在的同业竞争，是否存在持续关联交易；存在同业竞争或者持续关联交易的，收购人是否已作出相应的安排，确保收购人及其关联方与上市公司之间避免同业竞争以及保持上市公司的独立性；（十一）未来12个月内对上市公司资产、业务、人员、组织结构、公司章程等进行调整的后续计划；（十二）前24个月内收购人及其关联方与上市公司之间的重大交易；（十三）前6个月内通过证券交易所的证券交易买卖被收购公司股票的情况；（十四）中国证监会要求披露的其他内容。收购人发出全面要约的，应当在要约收购报告书中充分披露终止上市的风险、终止上市后收购行为完成的时间及仍持有上市公司股份的剩余股东出售其股票的其他后续安排；收购人发出以终止公司上市地位为目的的全面要约，须披露前款第（十）项规定的内容。"

第三，集团设定的一年的收购期限是不妥的。《证券法》第六十七条规定："收购要约约定的收购期限不得少于三十日，并不得超过六十日。"所以，集团如果采用要约收购的话，应当设定收购期为三十至六十日，且不应延长收购期限。

第四，集团收购公告公示后，是不能撤回的。《证券法》第六十八条规定："在收购要约确定的承诺期限内，收购人不得撤销其收购要约。收购人需要变更收购要约的，应当及时公告，载明具体变更事项。"当然，如果集团为了更快地完成收购任务，决定对已经公示的公告中所列出的收购条件做出更大的优惠，则可以在经过证监会和证交所的批准后，重新公示收购要约公告。

[案例拓展]

从上面的案例中我们可以看出，对上市公司的收购是一个复杂的过程，需要专业律师的协助，这样收购活动才能够顺利地进行。

第二章

公司成立后的问题

问题1：
签订合同时应注意哪些事项？

［案例］

　　2012年2月21日，船舶甲公司与乙公司签订了标准厂房租赁合同。合同约定：船舶甲公司将位于某工业集中区内的厂房租给乙公司使用，租赁期限自2012年2月20日起至2013年2月20日止，年租金共计32万元；乙公司于合同签订后10日内支付70%的年租金，于2012年8月20日支付剩余30%的年租金；租赁期间，如船舶甲公司提前解除合同，应赔偿乙公司3个月的房屋租金作为违约金。合同签订后，乙公司按合同约定先向船舶甲公司支付了70%的年租金，即22.4万元。在双方合同履行过程中，丙公司股东李某在知晓船舶甲公司已将厂房租赁给乙公司的事实后，仍与船舶甲公司进行磋商，并表示愿意租赁上述厂房，承担船舶甲公司解除与乙公司租赁合同而产生的相关损失。在得到李某确定准备承租厂房后，船舶甲公司致函乙公司，要求解除双方签订的租赁合同，并要求乙公司在2012年8月15日前将厂房全部交还于船舶甲公司。乙公司先后于2012年6月14日、9月12日回函，表示同意解除双方签订的租赁合同，合同终止日期为2012年7月底，但要求船舶甲公司按合同约定向其支付3个月的租金（共计8.01万元）作为违约赔偿。为此，船舶甲公司分两次实际退还了乙公司剩余租金4.28万元（应退还租金为，已付租金22.4万元扣除实际5个月的租金13.35万元，即9.05万元；因租赁期间船舶甲公司为乙公司垫付了水电等部分费用，同时乙公司还损坏了船舶甲公司的部分设备，在应退的租金9.05万元中予以扣除后，即为实际所退租金4.28万元）及赔偿金8.16万元（按合同约定应支付乙公司的3个月违约金为8.01万元，船舶甲公司又额外支付了乙公司1500元的搬迁费用，故实际支付了8.16万元）。

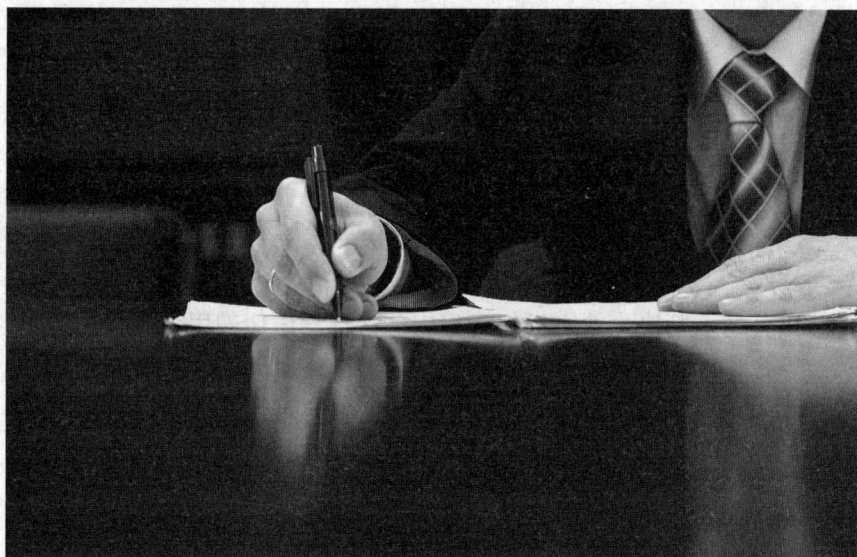

在合同解除后，丙公司以租赁厂房没有办理相关手续为由，拒绝与船舶甲公司签订厂房租赁合同。在船舶甲公司与李某及丙公司法人就

租赁厂房一事多次磋商中，丙公司李某曾认可不能承租厂房的责任在自己，其愿意承担损失，但李某一直未兑现承诺。为此，船舶甲公司于2013年1月21日诉至法院，认为丙公司、李某拒绝与船舶公司签订合同，致使船舶甲公司遭受重大损失，应承担缔约过失责任，要求丙公司、李某连带赔偿船舶甲公司经济损失共计26.7万元（应收的7个月的剩余租金及3个月的违约金，共计26.7万元）。

此外，船舶甲公司出租的厂房位于某工业集中区内，该厂房的建设系船舶甲公司"年产三万套船舶配件生产线"建设项目的一部分。2009年6月3日，该项目经当地发展和改革委员会备案。同年8月21日，建设局为该项目出具建设工程规划设计要点。2010年9月19日，原环境保护局为该项目出具批复文件，但因各种原因，船舶甲公司出租的厂房并未取得产权证。被告李某系丙公司销售总经理，持有该公司80%的股份，其现场考察了涉案厂房，认为符合丙公司需求，且当时是与该公司的法定代表人高某实地考察的。李某陈述，高某亦表示该厂房符合丙公司的需求。

法院经审理，做出如下判决：

丙公司于判决生效之日起15日内一次性赔偿船舶甲公司损失21.36万元，驳回船舶甲公司的其他诉讼请求。

[法律问题]

请问法院判决合理吗？

[法律分析]

第一，确定双方资格。订立合同的第一步，就是明确合同双方的签约资格。《中华人民共和国民法典》（以下简称《民法典》）第一百四十三条规定："具备下列条件的民事法律行为有效：（一）行为人具有相应的民事行为能力；（二）意思表示真实；（三）不违反法律、行政法规的强制性规定，不违背公序良俗。"《民法典》第一百四十四条规定："无民事行为能力人实施的民事法律行为无效。"《民法典》第一百四十五条规定："限制民事行为能力人实施的纯获利益的民事法律行为或者与其年龄、智力、精神健康状况相适应的民事法律行为有效；实施的其他民事法律行为经法定代理人同意或者追认后有效。相对人可以催告法定代理人自收到通知之日起三十日内予以追认。法定代理人未作表示的，视为拒绝追认。民事法律行为被追认前，善意相对人有撤销的权利。撤销应当以通知的方式作出。"

第二，表见代理与无权代理。《民法典》第一百七十一条规定："行为人没有代理权、超越代理权或者代理权终止后，仍然实施代理行为，未经被代理人追认的，对被代理人不发生效力。相对人可以催告被代理人自收到通知之日起三十日内予以追认。被代理人未作表示的，视为拒绝追认。行为人实施的行为被追认前，善意相对人有撤销的权利。撤销应当以通知的方式作出。行为人实施的行为未被追认的，善意相对人有权请求行为人履行债务或者就其受到的损害请求行为人赔偿。但是，赔偿的范围不得超过被代理人追认时相对人所能获得的利益。相对人知道或者应当知道行为人无权代理的，相对人和行为人按照各自的过错承担责任。"《民法典》第一百七十二条规定："行为人没有代理权、超越代理权或者代理权终止后，仍然实施代理行为，相对人有理由相信行为人有代理权的，代理行为有效。"

作为企业，在与代理人解除聘用关系后，应及时收回所有相关证明文件及公章等，以免该代理人仍以企业名义对外签订合同。我国法律规定，如果代理人手中仍有授权书等证明文件，使对方当事人足以相信其仍为企业代理人，那么其构成的就不是无权代理而是表见代理。对于表见代理，企业是要承担相关履行义务的责任的。

《民法典》第五百零四条规定："法人的法定代表人或者非法人组织的负责人超越权限订立的合同，除相对人知道或者应当知道其超越权限外，该代表行为有效，订立的合同对法人或者非法人组织发生效力。"

第三，合同内容。《民法典》第四百七十条规定："合同的内容由当事人约定，一般包括下列条款：（一）当事人的姓名或者名称和住所；（二）标的；（三）数量；（四）质量；（五）价款或者报酬；（六）履行期限、地点和方式；（七）违约责任；（八）解决争议的方法。"

第四，格式条款。企业为了订立合同时的便利，往往会为自己多次使用的合同订立模板，其中部分条款无须与对方协商而重复使用。这些为了重复使用而预先拟定，并在订立合同时未与对方协商的条款便被称为格式条款。由于格式条款的特殊性，我国法律对其设置了更为严格的无效条件，避免格式条款的提供方利用格式条款损害对方当事人的合法利益。《民法典》第四百九十七条规定："有下列情形之一的，该格式条款无效：（一）具有本法第一编第六章第三节和本法第五百零六条规定的无效情形；（二）提供格式条款一方不合理地免除或者减轻其责任、加重对方责任、限制对方主要权利；（三）提供格式条款一方排除对方主要权利。"

第五，缔约过失责任。所谓缔约过失责任，是指合同的一方当事人在订立合同的过程中违反诚实信用原则，恶意与对方进行磋商，或隐瞒与合同订立有关的重要事实、虚构情形等，如给对方造成损失，应对其损失承担赔偿责任。《民法典》第五百条规定："当事人在订立合同过程中有下列情形之一，造成对方损失的，应当承担赔偿责任：（一）假借订立合同，恶意进行磋商；（二）故意隐瞒与订立合同有关的重要事实或者提供虚假情况；（三）有其他违背诚信原则的行为。"

丙公司应承担缔约过失责任。李某是丙公司销售总经理，持有该公司80%的股份，船舶甲公司有理由相信李某的行为代表丙公司，且在李某与船舶甲公司就涉讼厂房的承租事宜进行洽谈之后，丙公司的法定代表人又同李某共同就涉讼厂房的承租事宜与船舶甲公司进行洽谈，故李某就涉讼厂房与船舶甲公司进行磋商的行为均可代表丙公司，产生的相关后果也应由丙公司承担。

在双方磋商过程中，丙公司明确表示要求船舶甲公司解除与乙公司的租赁合同，产生的相关损失由其承担。船舶甲公司解除了与乙公司的租赁合同后，丙公司不与船舶甲公司签订涉讼厂房租赁合同，依据双方约定和法律规定，丙公司应承担相应的责任。

关于船舶甲公司解除与乙公司租赁合同的具体损失，其支付给乙公司的违约金与剩余租金有合同约定，船舶甲公司亦提供了租赁合同以及银行支付凭证，形成了完整的证据链，该部分损失是确实存在的。在船舶甲公司清空涉讼厂房后，丙公司未与船舶甲公司签订租赁合同。船舶甲公司主张涉讼厂房的空置期间的损失，亦符合法律规定。船舶甲公司提供其与第三方N公司签订的涉讼厂房租赁合同，证明涉讼厂房直至2013年5月1日才出租，空置期长达9个多月。丙公司明确不与船舶甲公司签订涉讼厂房租赁合同后，在缔约过程中，因船舶甲公司也存在一定过错，因此人民法院按双方的过错程度酌定空置损失6个月并无不当。

[案例拓展]

在合同的签订中，应注意以下几个方面的问题：

第一，在签订合同以前，经营者必须认真审查对方的资质和履约能力。审查资质就是查对方的经营主体资格是否合法和真实存在。审查履约能力就是要查清对方现有的、实际的、真实的经营情况。签订合同前要仔细审查签约对象的营业执照、法人代表证明、身份证、授权委托权限、企业年检证明等，必要时可通过信函、电报、电话或直接派人上门了解等方式对对方的资信情况进行仔细调查，切实掌握与了解对方的资质和履约能力。如有条件，在合同签订时进行公证或律师见证，可减少企业风险。公证机关和顾问律师对合同进行公证和见证时，一般都会再次审查，有了这些专业人士的参加，并让他们承担相应的责任，可以增强合同的有效性。

第二，审查合同公章与签字人的身份，确保合同是有效的。如果对方为法人的分支机构或内设机构，应要求其提供所属法人机构的授权书。对方在合同上签公章，并不能保证合同是有效的，还必须保证合同的签字人是对方的法定代表人或经法人授权的经办人。如对方签字人是企业的法人代表，那么在签订合同之前，应要求对方提供法人代表身份证明、营业执照副本或工商行政管理机关出具的法人资格证书；如对方仅系企业的业务人员，则还应让其提供企业及其法人代表的授权委托书、合同书、业务人员自身的身份证明以及财产担保书等相关证明文件，切忌仅凭对方提供的银行账户、合同专用章等不全面、不规范的文件就与其签订合同。同时也应该从根本上杜绝那种仅凭老关系、熟面孔或熟人的介绍就与对方签订合同的错误做法。

第三，签订合同时应当严格审查合同的各项条款，有条件的不妨向专业人员咨询。根据合同诈骗的特点，为了防止对方利用合同条款来弄虚作假，应该严格审查合同各项条款以便使合同权利义务关系规范、明确，便于履行。对于合同的主要条款，特别是关于交货地点、交货方式、质量标准、结算方式、货物价格的约定更要力求表达得清晰、明确、完整，绝不能含混不清或者模棱两可，给合同以后的履行埋下隐患。

第四，违约条款要明确约定违约方的责任，为将来可能的诉讼与维权打下良好的基础。当事人可以约定一方违约时应当根据违约情况向对方支付一定数额的违约金，也可以约定因违约产生的损失赔偿额的计算方法。约定的违约金低于造成的损失的，当事人可以请求人民法院或者仲裁机构予以增加；约定的违约金过分高于造成的损失的，当事人可以请求人民法院或者仲裁机构予以适当减少。当事人就迟延履行约定违约金的，违约方支付违约金后，还应当履行债务。

第五，明确合同签订地。在签订合同时要明确合同的签订地。根据最高法院的司法解释：凡书面合同写明了合同签订地点的，以合同写明的为准；未写明的，以双方在合同上共同签字盖章的地点为合同签订地；双方签字盖章不在同一地点的，以最后一方签字盖章的地点为合同签订地。所以在合同上明确地将签订地注明为本地或最后一方签字盖章地，对追究合同诈骗者责任及挽回自身经济损失有着重要意义。

第六，力求合同文字表述准确。合同作为当事人交易的行为准则，必然要具有实用性，方便操作。合同的用词用语不需要华丽，但一定要明确。同一合同的各个条款之间不能相互矛盾。合同条款要明白、准确、通畅，理解上无歧义。不要让容易发生歧义的文字出现在合同文本当中，俗语说一字千金，合同错一个字很可能会造成几千元、几万元甚至几十万元、几百万元的经济损失。如定金与订金的含义就有天壤之别，定金是债权担保的一种方式，《中华人民共和国民法通则》第八十九条第三款明确规定："当事人一方在法律规定的范围内可以向对方给付定金。债务人履行债务后，定金应当抵作价款或者收回。给付定金的一方不履行约定的债务的，无权要求返还定金；接受定金的一方不履行约定的债务的，应当双倍返还定金。"可见定金具有惩罚性，其目的在于保证交易的完成。在实践中不少人将"定金"写成了"订金"，而"定金"和"订金"的作用和法律效力是有差别的，"订金"在法律上被认定为预付款，不具有惩罚性功能。

第七，合同条款应齐全。虽然每一份合同的内容都不一样，但是它们都有一些共同的基本条款，这些条款包括：（1）签约当事人的名称或者姓名和住所、联系电话；（2）合同的标的（应当注明品名、规格）；（3）标的物的数量；（4）质量要求；（5）价款或者报酬及支付方式、时间；（6）标的物交付的期限、地点和方式；（7）违约责任；（8）解决合同争议的方法；（9）其他特别约定条款；（10）双方的盖章或者签名，合同签订日期。当然，签约各方还可以根据实际情况约定其他的条款，但这些基本的条款应当齐备。

问题2：
不合理的合同能撤销吗？

[案例]

　　浙江某股份有限公司在参加当地慈善总会举办的国际残疾人日晚会上，在公众面前承诺捐赠给慈善总会一批价值500万元的轮椅、义肢等医疗器材。晚会结束后，该股份有限公司派采购员与上海某医疗器材公司签订合同，采购这批物资。由于采购员不懂医疗器材方面的专业术语，在签订合同时将轮椅等器材认作医疗救助器材而签订了合同。现上海某医疗器材公司提前将一些所谓的医疗救助器材在合同履行期届满前就发货到该股份有限公司，堆放在该公司办公楼大厅，给公司带来了很多的困扰；而且，合同条款中还出现了"医疗救助器材在使用中出现人身伤亡事故，上海某医疗器材公司概不负责"的字样。该股份有限公司的负责人纪某十分着急，联系慈善总会，要求取消慈善捐赠，同时与上海某医疗器材公司联系，要求修改合同并请上海荣军医院担保，承担一部分损失，但双方都予以拒绝。上海某医疗器材公司要求扣下该股份有限公司的定金并要求其按合同约定支付违约金，同时还提出该股份有限公司在交涉中言语激烈，损害了公司的形象，所以要求精神赔偿。

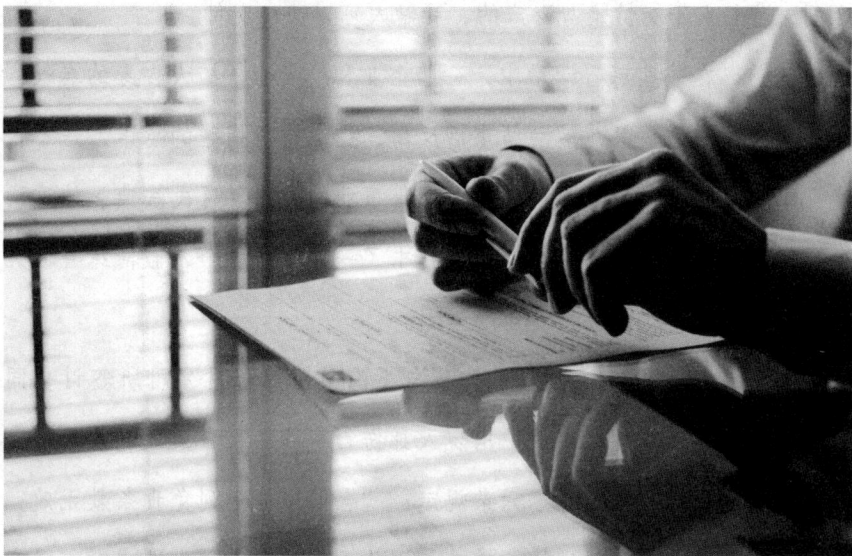

[法律问题]

纪某该如何处理？

[法律分析]

第一，该股份有限公司承诺给慈善总会医疗物资的捐赠是不能撤销的。《民法典》第六百五十八条规定："赠与人在赠与财产的权利转移之前可以撤销赠与。经过公证的赠与合同或者依法不得撤销的具有救灾、扶贫、助残等公益、道德义务性质的赠与合同，不适用前款规定。"《民法典》第六百六十条第二款规定："经过公证的赠与合同或者依法不得撤销的具有救灾、扶贫、助残等公益、道德义务性质的赠与合同，赠与人不交付赠与财产的，受赠人可以请求交付。"

当前，在一些慈善活动中，一些企业和个人为了扩大自身的名气，随意喊出捐赠的数额，活动结束后反悔，拒绝履行捐赠的承诺，这不仅违反了诚信原则，而且影响了中国慈善事业的发展。《民法典》的这两条规定规范了企业的捐赠行为，也打击了一些企业和个人假借慈善名义以牟取不法利益的行为。

第二，该股份有限公司采购员与上海某医疗器材公司所签订合同中的"医疗救助器材在使用中出现人身伤亡事故后果自负"的条款是无效的。《民法典》第五百零六条规定："合同中的下列免责条款无效：（一）造成对方人身损害的；（二）因故意或者重大过失造成对方财产损失的。"所以，使用者在使用上海某医疗器材公司的医疗救助器材时，如果出现人身伤害的，该医疗器材公司不能因为合同出现免责条款而免除赔偿责任，要与该股份有限公司一起承担连带责任，即使用者可以要求该股份有限公司承担赔偿责任，也可以要求上海某医疗器材公司承担赔偿责任。

第三，上海某医疗器材公司应当就提前将货发送给该股份有限公司的行为承担赔偿责任。《民法典》第五百三十一条规定："债权人可以拒绝债务人提前履行债务，但提前履行不损害债权人利益的除外。债务人提前履行债务给债权人增加的费用，由债务人负担。"上海某医疗器材公司未经该股份有限公司同意，擅自在合同履行期届满前将货物发到，给该股份有限公司的正常生产经营带来了干扰，也增加了该股份有限公司存储这批货物的费用。所以，按照《民法典》第五百三十一条的规定，该股份有限公司可以要求上海某医疗器材公司支付提前发货给该股份有限公司带来的保管费用以及其他损失。

第四，该股份有限公司可以向法院或仲裁委员会申请撤销合同。《民法典》第一百四十七条规定："基于重大误解实施的民事法律行为，行为人有权请求人民法院或者仲裁机构予以撤销。"因该股份有限公司的采购员不懂医疗器材方面的专业术语，致使公司本来采购的轮椅、义肢等医疗器材变成了医疗救助器材，符合《合同法》第五十四条对重大误解的规定，该股份有限公司可以申请法院或仲裁委员会撤销该合同。

第五，该股份有限公司请上海荣军医院担保的行为是没有法律依据的。《民法典》第六百八十三条第二款规定："以公益为目的的非营利法人、非法人组织不得为保证人。"医院是以公益为目的的事业单位，它的财产来源于政府的拨款。上海荣军医院属于公益类的事业单位，无权为他人担保。

第六，上海某医疗器材公司扣下该股份有限公司的定金并要求其支付违约金是不合理的。《民法典》第五百八十六条规定："当事人可以约定一方向对方给付定金作为债权的担保。定金合同自实际交付定金时成立。定金的数额由当事人约定；但是，不得超过主合同标的额的百分之二十，超过部分不产生定金的效力。实际交付的定金数额多于或者少于约定数额的，视为变更约定的定金数额。"《民法典》第五百八十八条规定："当事人既约定违约金，又约定定金的，一方违约时，对方可以选择适用违约金或者定金条款。"这两条规定表明，违约金和定金作用是同一性质的，即保证合同的履行。在同一个违约行为中，二者不能并用。所以，上海某医疗器材公司要么扣下该股份有限公司的定金，要么要求该股份有限公司支付违约金。

第七，上海某医疗器材公司要求该股份有限公司赔偿所谓精神损失是没有法律依据的。《民法典》第五百七十七条规定："当事人一方不履行合同义务或者履行合同义务不符合约定的，应当承担继续履行、采取补救措施或者赔偿损失等违约责任。"《最高人民法院关于确定民事侵权精神损害赔偿责任若干问题的解释》第四条规定："法人或者其他组织以人格权利遭受侵害为由，向人民法院起诉请求赔偿精神损害的，人民法院不予受理。"精神损害赔偿只适用于个人，前提是主体具有人格权。上海某医疗器材公司作为法人，是没有人格权的，它以人格受损的名义来要求精神损失赔偿是没有法律依据的，该股份有限公司可以直接拒绝。

[案例拓展]

从上面的案例我们可以看出，当企业由于认知的原因签订对己方非常不利的合同时，一定要保持冷静，既不逃避，也不一味地顺从，而是要分析合同中对自己有利的条款，有理、有据、有节地与对方谈判。对于对方狮子大开口、乘人之危的行为，要坚决地反击，这样才能有效地保护自己的合法权益。

⚖ 问题3：
遇到合同内容不明确时应该怎么办？

[案例]

嘉兴的孙某经营一家皮革服装公司，前一阵子他参加了一个酒局，在酒局上遇到了山东一家皮草行的顾某。两人一见如故，喝得开心，在酒席中顾某提出要在孙某的公司定5000件皮衣。两人草签了合同，并由做东的浙江嘉兴某公司王总、杭州某集团李总在现场口头担保。合同中有关皮衣的质量写按一般标准；提货的时间没有确定，只写为近期；运费项目没有明确，只草草写为发货时由双方友好协商；发货方式为送货上门。但当孙某将皮衣生产好联系顾某时，顾某告诉孙某，由于经营上的矛盾，顾某和他的合伙人已经将皮草行分家，原来的皮草行不存在了。顾某在分家前将这批货转给了辽宁的一家皮草行，让孙某直接和他们联系。孙某了解这个情况后十分生气，将货物直接发送到顾某所在地，联系顾某。顾某不露面，只是笼统地说这批货质量不合格，所以拒收。孙某十分气愤，向人民法院申请办理了这批货的提存手续，但提存期间由于仓库漏雨，该批皮衣因保管不善而受到损失。

[法律问题]

这批货的损失应该由谁来承担?

[法律分析]

第一，合同中未明确的产品质量标准可以用行业标准，提货的时间未确定时可以视为随时提货，运费未确定时可视为由孙某承担。《民法典》第五百一十条规定："合同生效后，当事人就质量、价款或者报酬、履行地点等内容没有约定或者约定不明确的，可以协议补充；不能达成补充协议的，按照合同相关条款或者交易习惯确定。"《民法典》第五百一十一条规定："当事人就有关合同内容约定不明确，依据前条规定仍不能确定的，适用下列规定：（一）质量要求不明确的，按照强制性国家标准履行；没有强制性国家标准的，按照推荐性国家标准履行；没有推荐性国家标准的，按照行业标准履行；没有国家标准、行业标准的，按照通常标准或者符合合同目的的特定标准履行。（二）价款或者报酬不明确的，按照订立合同时履行地的市场价格履行；依法应当执行政府定价或者政府指导价的，依照规定履行。（三）履行地点不明确，给付货币的，在接受货币一方所在地履行；交付不动产的，在不动产所在地履行；其他标的，在履行义务一方所在地履行。（四）履行期限不明确的，债务人可以随时履行，债权人也可以随时请求履行，但是应当给对方必要的准备时间。（五）履行方式不明确的，按照有利于实现合同目的的方式履行。（六）履行费用的负担不明确的，由履行义务一方负担；因债权人原因增加的履行费用，由债权人负担。"从以上规定中我们可以明确虽然合同双方没有就产品的质量、履行合同时间以及运费由谁承担等进行明确的约定，但孙某可以按照国家标准、行业标准对质量的要求来交付产品。只要孙某拿出这批货符合行业标准、国家标准的检验证书，顾某所说的这批货质量不合格的托词就是站不住脚的。孙某在皮衣生产好后，直接将货发至顾某处，也是合法的，因为双方没有约定合同的履行日期，所以孙某可以随时履行合同。当然，孙某应当单方承担这批货的运费，因为双方在合同中没有约定运费由谁承担，而孙某是合同履行方，所以由他来承担并无不妥。

第二，顾某的皮草行虽然分家了，但仍需履行义务。《民法典》第六十七条第二款规定："法人分立的，其权利和义务由分立后的法人享有连带债权，承担连带债务，但是债权人和债务人另有约定的除外。"《公司法》第一百七十六条规定："公司分立前的债务由分立后的公司承担连带责任。但是，公司在分立前与债权人就债务清偿达成的书面协议另有约定的除外。"虽然顾某的皮草行由于其他原因分立了，但对履行合同的义务，分立后的企业仍然需要承担。孙某可以要求顾某新成立的企业支付这批货的货款，也可以要求顾某的合伙人支付这批货的货款。

第三，顾某无权单方将合同的权利义务转给他人。《民法典》第五百四十六条规定："债权人转让债权，未通知债务人的，该转让对债务人不发生效力。债权转让的通知不得撤销，但是经受让人同意的除外。"《民法典》第五百五十一条规定："债务人将债务的全部或者部分转移给第三人的，应当经债权人同意。债务人或者第三人可以催告债权人在合理期限内予以同意，债权人未作表示的，视为不同意。"从收取皮衣的角度讲，顾某是债权人；而从支付货款这个角度讲，顾某是债务人。根据以上法条的规定，顾某在转让这个合同的权利义务时，应当提前通知孙某并得到他的准许，但顾某并没有这么做。所以，这个合同的权利和义务的转让是无效的，孙某不必理会。

第四，孙某将皮衣提存是合法的。《民法典》第五百七十条规定："有下列情形之一，难以履行债务的，债务人可以将标的物提存：（一）债权人无正当理由拒绝受领；（二）债权人下落不明；（三）债权人死亡未确定继承人、遗产管理人，或者丧失民事行为能力未确定监护人；（四）法律规定的其他情形。标的物不适于提存或者提存费用过高的，债务人依法可以拍卖或者变卖标的物，提存所得的价款。"《民法典》第五百七十一条第二款规定："提存成立的，视为债务人在其提存范围内已经交付标的物。"顾某拒不露面，而且他提出的拒收货物的理由又属于强词夺理，没有任何的依据，所以，孙某将货物存入仓库并向法院申请办理了提存手续是合法的。

第五，皮衣淋坏的损失应当由顾某承担。《民法典》第五百七十三条规定："标的物提存后，毁损、灭失的风险由债权人承担。提存期间，标的物的孳息归债权人所有。提存费用由债权人负担。"从这条规定中可以看出，皮衣在提存期间造成的损失由顾某承担，而且孙某有权要求顾某支付他垫付的皮衣保管的仓储费用。

第六，王总、李总的口头担保是无效的。《民法典》第六百八十五条规定："保证合同可以是单独订立的书面合同，也可以是主债权债务合同中的保证条款。第三人单方以书面形式向债权人作出保证，债权人接收且未提出异议的，保证合同成立。"由此可知，口头担保是无效的。要有效担保，就必须签订书面的保证合同或是保证条款。《民法典》第六百八十四条规定："保证合同的内容一般包括被保证的主债权的种类、数额，债务人履行债务的期限，保证的方式、范围和期间等条款。"《民法典》第六百八十六条规定："保证的方式包括一般保证和连带责任保证。当事人在保证合同中对保证方式没有约定或者约定不明确的，按照一般保证承担保证责任。"

作为企业的经营者，在签订合同的时候，应当尽量形成书面的保证合同。而不应仅凭某个人的口头担保就签订合同，这样会给之后的合同履行带来很多的未知数。例如，本案中王总、李总在酒桌上的口头担保就不作数，给孙某的公司带来了很多的麻烦。

问题4：
企业在招聘中应注意哪些问题？

[案例]

　　浙江某股份公司在2018年准备面对多个大学的应届毕业生进行一次校园招聘活动，计划招收软件设计工程师、财会以及销售人员共100名。现在公司的人事部门面临着几个疑问：一是与聘任人员马上签订劳动合同还是试用期过后再签订劳动合同？试用期多长？可否约定多次试用期？二是公司的销售人员都有销售指标。对于那些试用期的员工来说，如果试用期没有完成销售指标，是否可以不发工资？三是公司为培训员工而支付的培训费，员工辞职时公司能否要求其退还？四是公司要将软件工程师送出国进行培训，是否可以与员工约定服务期？员工辞职的，是否应当支付违约金？五是员工的社会保险费缴纳比例是多少？

[法律问题]

如何回答以上问题?

[法律分析]

劳动合同应当当场签订，试用期包含在劳动合同期限内。《中华人民共和国劳动合同法》（以下简称《劳动合同法》）第十九条规定："劳动合同期限三个月以上不满一年的，试用期不得超过一个月；劳动合同期限一年以上不满三年的，试用期不得超过二个月；三年以上固定期限和无固定期限的劳动合同，试用期不得超过六个月。同一用人单位与同一劳动者只能约定一次试用期。以完成一定工作任务为期限的劳动合同或者劳动合同期限不满三个月的，不得约定试用期。试用期包含在劳动合同期限内。劳动合同仅约定试用期的，试用期不成立，该期限为劳动合同期限。"根据这条规定可以看出，公司在校园招聘的当场就应当与招聘的大学毕业生签订劳动合同，试用期最多不得超过六个月，并不得多次约定试用期。

对于公司处于试用期的销售人员，公司应当支付基本工资。《劳动合同法》第二十条规定："劳动者在试用期的工资不得低于本单位相同岗位最低档工资或者劳动合同约定工资的百分之八十，并不得低于用人单位所在地的最低工资标准。"所以，公司对试用期的销售人员，可以设定一个基本工资，然后，设定一定比例的销售提成。

公司对员工的培训费，无权索回。《中华人民共和国劳动法》（以下简称《劳动法》）第六十八条规定："用人单位应当建立职业培训制度，按照国家规定提取和使用职业培训经费，根据本单位实际，有计划地对劳动者进行职业培训。从事技术工种的劳动者，上岗前必须经过培训。"《中华人民共和国劳动合同法实施条例》（以下简称《劳动合同法实施条例》）第十六条规定："劳动合同法第二十二条第二款规定的培训费用，包括用人单位为了对劳动者进行专业技术培训而支付的有凭证的培训费用、培训期间的差旅费用以及因培训产生的用于该劳动者的其他直接费用。"从这两条法规中可以看出，对员工进行岗位培训是企业的义务。因此，员工培训的费用应当由企业承担，不得转嫁到员工身上。

员工如果在服务期内辞职，应当支付违约金。《劳动合同法》第二十二条规定："用人单位为劳动者提供专项培训费用对其进行专业技术培训的，可以与该劳动者订立协议，约定服务期。劳动者违反服务期约定的，应当按照约定向用人单位支付违约金。违约金的数额不得超过用人单位提供的培训费用。用人单位要求劳动者支付的违约金不得超过服务期尚未履行部分所应分摊的培训费用。用人单位与劳动者约定服务期的，不影响按照正常的工资调整机制提高劳动者在服务期期间的劳动报酬。"公司为了培训软件工程师，将他们送到国外学习，花费了巨大的代价，所以在劳动合同中设定最低服务期限也是合理的。员工如果违反合同，在服务期内辞职，应当支付违约金。公司可以在签订劳动合同时明确约定违约金的数额。

社会保险费应当由公司、个人按比例承担。社会保险费最基本的包括基本养老保险和失业保险。《中华人民共和国社会保险法》（以下简称《社会保险法》）第十条第一款规定："职工应当参加基本养老保险，由用人单位和职工共同缴纳基本养老保险费。"《社会保险法》第十二条规定："用人单位应当按照国家规定的本单位职工工资总额的比例缴纳基本养老保险费，记入基本养老保险统筹基金。职工应当按照国家规定的本人工资的比例缴纳基本养老保险费，记入个人账户。无雇工的个体工商户、未在用人单位参加基本养老保险的非全日制从业人员以及其他灵活就业人员参加基本养老保险的，应当按照国家规定缴纳基本养老保险费，分别记入基本养老保险统筹基金和个人账户。"《失业保险条例》第六条规定："城镇企业事业单位按照本单位工资总额的2%缴纳失业保险费。城镇企业事业单位职工按照本人工资的1%缴纳失业保险费。城镇企业事业单位招用的农民合同制工人本人不缴纳失业保险费。"根据以上三条规定，企业在进行校园招聘的时候，应当给新进员工办理养老保险，同时还应当办理失业保险。

[案例拓展]

从上面的案例中可以看到，在校园招聘中，作为企业要严格按照国家劳动法的规定，办理好相关的手续，签订严密的劳动合同；同时，也要预防一些新员工到公司后可能出现的问题，在劳动合同中清楚阐明相应的措施，做到有备无患。

问题5：
发生工伤事故后企业应该如何处理？

[案例]

　　某化工厂发生了一起化学爆炸事故，造成多人死伤。事故发生的原因是李某违章作业，用酒精喷灯喷涂盛装化工原料的大罐，致使罐内残留的化学品爆炸。李某当场死亡。李某是个体承包户，是工厂雇来清理安装化工原料大罐的。王某是工厂安排协助李某清理大罐的员工，他在事故中也当场死亡。王某是本厂的合同工，家在农村，上有近70岁的父母需要赡养，下有一个10岁的儿子。爆炸还波及门口站岗的保安张某。张某是保安公司劳务派遣到工厂工作的。事故发生后，工厂负责人杨某积极处理后续事宜，全力对受伤的职工进行救治，并安慰死者家属，但死者家属不理解，到工厂闹事要求赔偿，甚至几天堵在工厂门口，不让工人上班。受伤的张某经法医鉴定为轻微伤，但他以自己受伤为理由，每天到工厂里闹，要求工厂养他一辈子。杨某不堪其扰。

[法律问题]

杨某应该怎么办？

[法律分析]

第一，针对死者李某的问题，工厂不承担赔偿责任。《最高人民法院关于审理人身损害赔偿案件适用法律若干问题的解释》第十条规定："承揽人在完成工作过程中对第三人造成损害或者造成自身损害的，定作人不承担赔偿责任。但定作人对定作、指示或者选任有过失的，应当承担相应的赔偿责任。"李某是个体承包户，按照法律的规定，他是承揽人，完成的是工厂的定作任务，而化工厂是定作人，该事故发生的原因是李某违章作业，造成自己死亡。工厂在这次事故中没有过失，所以李某自己承担人身损害的责任。如果李某家属继续闹事，杨某可以请公安部门对其采取必要措施。

第二，对工厂的员工王某，则应当进行工伤赔偿。因为王某是厂里的合同工，王某的死亡是因为工作原因，所以适用工伤的赔偿标准。

根据《工伤保险条例》第三十九条规定："职工因工死亡，其近亲属按照规定从工伤保险基金领取丧葬补助金、供养亲属抚恤金和一次性工亡补助金：（一）丧葬补助金为6个月的统筹地区上年度职工月平均工资。（二）供养亲属抚恤金按照职工本人工资的一定比例发给由因工死亡职工生前提供主要生活来源、无劳动能力的亲属。标准为：配偶每月40%，其他亲属每人每月30%，孤寡老人或者孤儿每人每月在上述标准的基础上增加10%。核定的各供养亲属的抚恤金之和不应高于因工死亡职工生前的工资。供养亲属的具体范围由国务院社会保险行政部门规定。（三）一次性工亡补助金标准为上一年度全国城镇居民人均可支配收入的20倍。伤残职工在停工留薪期内因工伤导致死亡的，其近亲属享受本条第一款规定的待遇。一级至四级伤残职工在停工留薪期满后死亡的，其近亲属可以享受本条第一款第一项、第二项规定的待遇。"

三种赔偿金的补偿程序是：（1）先将丧葬费扣除，用于办理死者的丧事，由于丧葬费是用于工亡职工的丧葬，并且数额固定，所以，在分配工伤死亡赔偿金之前应先将丧葬费剔除；（2）再算出各个供养亲属应得的抚恤金；（3）对于一次性工亡补助金，则参照法定继承，在第一顺序继承人之间进行平均分配。

工伤死亡赔偿金的支付主体：用人单位参加工伤保险的，丧葬补助金、一次性工亡补助金及供养亲属抚恤金由工伤保险基金支付；用人单位未参加工伤保险的，丧葬补助金、一次性工亡补助金及供养亲属抚恤金由用人单位支付；根据各省安全生产条例，除上述工伤保险待遇外的死亡赔偿金，由用人单位支付。

第三，对于伤者张某，工厂可以要求劳务派遣公司负责，而且张某不上班照发工资的时间最多不能超过一年。根据保安张某的受伤情况，他应当享有工伤保险待遇。

根据劳动和社会保障部《关于农民工参加工伤保险有关问题的通知》（劳社部发〔2004〕18号）第二条规定：农民工参加工伤保险、依法享受工伤保险待遇是《工伤保险条例》赋予包括农民工在内的各类用人单位职工的基本权益，各类用人单位招用的农民工均有享受工伤保险待遇的权利。由于张某的用人单位是劳务派遣公司，张某的劳动关系应当在劳务派遣公司，所以张某工伤的事宜应当由劳务派遣公司负责。

这条规定表明，不论张某的用工性质如何，均享有工伤保险的待遇，但由哪个单位负担，则要具体问题具体分析。张某的用人单位是劳务派遣公司，他的用工性质是劳务派遣。如果在聘用张某时，化工厂和劳务派遣公司没有签订"如果出现工伤事故，赔偿方为化工厂"的合同条款，则应当由劳务派遣公司向张某支付工伤赔偿金。原因在于张某的用工关系在劳务派遣公司，而且按照国家劳动法规规定，劳务派遣公司在雇用张某时，必须支付"五险一金"，所以张某工伤的事宜应当由劳务派遣公司负责。如果保安公司在派遣张某时已经和化工厂签订了协议，规定若出现工伤事故由化工厂承担赔偿责任，则这笔费用应由化工厂来承担。

但是，张某不能以受伤为理由，要求工厂养他一辈子。根据《工伤保险条例》第三十三条规定："职工因工作遭受事故伤害或者患职业病需要暂停工作接受工伤医疗的，在停工留薪期内，原工资福利待遇不变，由所在单位按月支付。停工留薪期一般不超过12个月。伤情严重或者情况特殊，经设区的市级劳动能力鉴定委员会确认，可以适当延长，但延长不得超过12个月。工伤职工评定伤残等级后，停发原待遇，按照本章的有关规定享受伤残待遇。工伤职工在停工留薪期满后仍需治疗的，继续享受工伤医疗待遇。生活不能自理的工伤职工在停工留薪期需要护理的，由所在单位负责。"从这条规定可以看出，张某可以停工进行治疗，治疗期间的工资福利照发，但最多不能超过一年。如果一年后张某觉得仍需在家治疗，不能上班，则需要向市级劳动能力鉴定委员会申请，进行劳动能力鉴定。经鉴定，确需继续治疗的，可以延长在家养伤的时间，但延长时间最长不得超过一年。所以，张某提出的让工厂养他一辈子的要求是无理要求，工厂可以严词拒绝。

[案例拓展]

作为企业经营者，最怕的就是企业出现安全生产事故，特别是出现人身伤亡事故。在事故发生后，企业不仅要支付巨额赔偿，而且一些死伤者的家属往往借机漫天要价，一旦要求得不到满足，他们甚至会采取某些过激手段，严重干扰企业的正常经营，也给企业经营者造成沉重的心理负担。如果企业出现安全生产事故，企业的经营者首先要沉着冷静，不要自乱阵脚，先厘清事故的责任，之后再根据死伤者不同的用工性质，有针对性地采取对策，避免给企业经营带来不必要的损失，也避免给自己造成沉重的心理负担。

问题6：
企业发生并购应如何安置员工？

[案例]

某股份有限公司通过股权转让等方式，对某集团公司进行了企业并购。双方管理层在谈判中达成协议，集团公司的员工由股份公司全部接收，股份公司负责与原集团公司的员工签订新的劳动合同。双方的交接手续办理顺利，但有几个历史遗留问题让股份公司的管理层十分为难。一是原集团公司的工人老徐，已在集团工作满10年了，这次他提出要跟公司签订无固定期限合同。二是原集团公司的几个非全日制工作人员也提出要签劳动合同，但公司不知道他们的工作时间和工资该如何计算。三是原集团公司的员工老李，已在集团工作满15年了，还有不到5年就可以办理退休手续了，但他在几年前因突发脑卒中而不能工作，集团公司为其办理了内退手续，即集团公司每月给予一定生活费，到其退休年龄再为其办理退休手续。针对他的情况，公司是否可以解除劳动合同？四是公司为了奖勤罚懒，提高工作效率，实行末位淘汰制，对考评末位的员工实行解雇处理，同时规定对违反工作纪律造成的人身伤亡由员工自己承担责任，公司负责人不知将这两项条款写在劳动合同里是否可行。

[法律问题]

如何回答上述问题?

[法律分析]

第一，公司应当与工人老徐签订无固定期限合同。

《劳动合同法》第十四条规定："无固定期限劳动合同，是指用人单位与劳动者约定无确定终止时间的劳动合同。用人单位与劳动者协商一致，可以订立无固定期限劳动合同。有下列情形之一，劳动者提出或者同意续订、订立劳动合同的，除劳动者提出订立固定期限劳动合同外，应当订立无固定期限劳动合同：（一）劳动者在该用人单位连续工作满十年的……"

《劳动合同法实施条例》第十条规定："劳动者非因本人原因从原用人单位被安排到新用人单位工作的，劳动者在原用人单位的工作年限合并计算为新用人单位的工作年限。原用人单位已经向劳动者支付经济补偿的，新用人单位在依法解除、终止劳动合同计算支付经济补偿的工作年限时，不再计算劳动者在原用人单位的工作年限。"

根据上述两条的规定，老徐是集团公司集体并购到股份有限公司的，因此他的工龄应当合并计算为十年以上了，符合《劳动合同法》规定的签订无固定期限合同的条件。所以，公司应当与老徐签订无固定期限合同。

第二，公司可以和非全日制工作人员签订劳动合同，规范工作时间和薪资。

《劳动合同法》第六十八条规定："非全日制用工，是指以小时计酬为主，劳动者在同一用人单位一般平均每日工作时间不超过四小时，每周工作时间累计不超过二十四小时的用工形式。"

《劳动合同法》第七十二条规定："非全日制用工小时计酬标准不得低于用人单位所在地人民政府规定的最低小时工资标准。非全日制用工劳动报酬结算支付周期最长不得超过十五日。"

根据这两条规定，公司可以和非全日制工作人员签订劳动合同，并注意每半个月结算一次工资，小时计酬标准不得少于政府规定的最低小时工资标准，每天工作时间不超过四小时，每周工作时间累计不超过二十四小时。以往人们认为，非全日制工作人员不用签订劳动合同，这是不对的。与非全日制工作人员签订劳动合同，对他们和企业来说都有好处，既可以保护他们的合法权益，也给企业在用人、解聘等方面提供了依据。

第三，针对集团公司的内退员工老李，公司不能解除劳动关系。

《劳动合同法》第四十二条规定："劳动者有下列情形之一的，用人单位不得依照本法第四十条、第四十一条的规定解除劳动合同：……（五）在本单位连续工作满十五年，且距法定退休年龄不足五年的……"

　　根据上述的规定，公司应当继续支付老李一定的生活费，并届时帮助他办理退休手续。

　　第四，在劳动合同中，公司不能添加如末位淘汰字样的条款。

　　《劳动合同法》第四十四条规定："有下列情形之一的，劳动合同终止：（一）劳动合同期满的；（二）劳动者开始依法享受基本养老保险待遇的；（三）劳动者死亡，或者被人民法院宣告死亡或者宣告失踪的；（四）用人单位被依法宣告破产的；（五）用人单位被吊销营业执照、责令关闭、撤销或者用人单位决定提前解散的；（六）法律、行政法规规定的其他情形。"

　　《劳动合同法实施条例》第十三条规定："用人单位与劳动者不得在劳动法第四十四条规定的劳动合同终止情形之外约定其他的劳动合同终止。"《劳动合同法》第二十六条规定："下列劳动合同无效或者部分无效：（一）以欺诈、胁迫的手段或者乘人之危，使对方在违背真实意思的情况下订立或者变更劳动合同的；（二）用人单位免除自己的法定责任、排除劳动者权利的；（三）违反法律、行政法规强制性规定的。对劳动合同的无效或者部分无效有争议的，由劳动争议仲裁机构或者人民法院确认。"

　　从上述法规中可以看出，解除劳动合同的法定条件没有所谓的不符合单位考核指标的规定。所以，公司将末位淘汰制度写在劳动合同里是违法的。

　　第五，公司规定的员工违反劳动纪律，造成的人身伤亡责任自负的条款也是违法的。

　　《工伤保险条例》第十四条规定："职工有下列情形之一的，应当认定为工伤：（一）在工作时间和工作场所内，因工作原因受到事故伤害的；（二）工作时间前后在工作场所内，从事与工作有关的预备性或者收尾性工作受到事故伤害的；（三）在工作时间和工作场所内，因履行工作职责受到暴力等意外伤害的；（四）患职业病的；（五）因工外出期间，由于工作原因受到伤害或者发生事故下落不明的；（六）在上下班途中，受到非本人主要责任的交通事故或者城市轨道交通客运轮渡、火车事故伤害的；（七）法律、行政法规规定应当认定为工伤的其他情形。"

从这条法规中可以看出，职工只要因为工作而受伤，就是工伤，与是否违反劳动纪律没有关系。所以，公司将因为违反工作纪律而造成人身伤害的后果由员工自负的规定写入劳动合同是违法的。

[案例拓展]

企业间的重组并购，最难处理的事情就是原来企业职工的安置问题。这个问题牵扯面广，影响面大，稍有处理不慎就容易造成社会问题，给企业和当地政府带来巨大的压力。在企业重组并购的过程中，一定要优先解决职工的安置问题。要根据职工的不同用工性质、工作年限等分别进行妥善安置，避免出现社会问题。

问题7：
企业遇到难缠的"碰瓷"员工怎么办？

[案例]

某地发生了这样一件事：一个打工者一年换了五个公司，每次换公司时，都将老东家告上法院，以企业没签劳动合同或合同内容没有社保等理由，要求大笔的赔偿。这样的人被称为"新生代碰瓷者"，他的手法一般是这样的：一是以各种理由拒绝签订劳动合同，干满两三个月后，以企业不与其签订劳动合同而要求两倍工资的赔偿。二是每天拖延工作，延长工作时间，故意加班，然后要求企业支付加班工资。三是不缴纳个人部分的社会保险费，同时以给企业节省成本为由诱惑企业不缴纳企业应承担的部分社会保险费用，几个月后以企业不为其缴纳社会保险费为理由提出辞职并要求企业支付赔偿金。四是迟到早退，违反企业的规章制度，如果企业对其罚款，则以企业违法为由起诉企业。五是组织一些有病的人混入企业，在工作期间发病，然后由企业支付医疗费用，将企业当成疗养院。

针对上述这些情况，企业应该如何应对？

[法律分析]

第一，企业在招录员工时，不论在什么情况下都应当签订劳动合同。《劳动合同法》第八十二条规定："用人单位自用工之日起超过一个月不满一年未与劳动者订立书面劳动合同的，应当向劳动者每月支付二倍的工资。用人单位违反本法规定不与劳动者订立无固定期限劳动合同的，自应当订立无固定期限劳动合同之日起向劳动者每月支付二倍的工资。"

第二，针对团伙成员拖延工作任务，故意加班以骗取加班费的情况，企业可以通过和员工签订计件工资的合同来解决。《劳动合同法》第十二条规定："劳动合同分为固定期限劳动合同、无固定期限劳动合同和以完成一定工作任务为期限的劳动合同。"《劳动合同法》第十五条规定："以完成一定工作任务为期限的劳动合同是指用人单位与劳动者约定以某项工作的完成为合同期限的劳动合同。用人单位与劳动者协商一致，可以订立以完成一定工作任务为期限的劳动合同。"

第三，企业不应当占小便宜而同意员工不缴纳社会保险费的要求。《社会保险费征缴暂行条例》第四条规定："缴费单位、缴费个人应当按时足额缴纳社会保险费。征缴的社会保险费纳入社会保险基金，专款专用，任何单位和个人不得挪用。"

如果企业听从员工的要求，贪小便宜，不缴纳社会保险费，将面临以下三个方面的风险：1. 会受到劳动管理部门及税务部门的处罚。《社会保险费征缴暂行条例》第十三条规定："缴费单位未按规定缴纳和代扣代缴社会保险费的，由劳动保障行政部门或者税务机关责令限期缴纳；逾期仍不缴纳的，除补缴欠缴数额外，从欠缴之日起，按日加收千分之二的滞纳金。滞纳金并入社会保险基金。"《社会保险费征缴暂行条例》第二十三条规定："缴费单位未按照规定办理社会保险登记、变更登记或者注销登记，或者未按照规定申报应缴纳的社会保险费数额的，由劳动保障行政部门责令限期改正；情节严重的，对直接负责的主管人员和其他直接责任人员可以处1000元以上5000元以下的罚款；情节特别严重的，对直接负责的主管人员和其他直接责任人员可以处5000元以上10000元以下的罚款。"

2. 个别员工可能会利用企业未缴纳社会保险费为理由辞职并要求赔偿。《劳动合同法》第三十八条规定："用人单位有下列情形之一的，劳动者可以解除劳动合同：……（三）未依法为劳动者缴纳社会保险费的。……"《劳动合同法》第四十六条规定："有下列情形之一的，用人单位应当向劳动者支付经济补偿：（一）劳动者依照本法第三十八条规定解除劳动合同的。……"

3. 企业如果不缴纳社会保险费，一旦员工发生医疗、工伤以及生育费用，将全部由企业承担。所以，企业在面对员工不办理社保的要求时，应当坚持按规定办理社保。

企业应当改变奖惩考核机制，避免落入骗子的陷阱。

第四，针对有员工将企业当作疗养院的行为，企业可以解除劳动合同。企业在招人之初，就应该安排严格的体检，避免一些身体状况不合格的员工混入企业，给企业造成不必要的麻烦。如果在工作中发现员工的身体状况不适应工作，企业可以根据《劳动合同法》第四十条规定："有下列情形之一的，用人单位提前三十日以书面形式通知劳动者本人或者额外支付劳动者一个月工资后，可以解除劳动合同：……劳动者患病或者非因工负伤，在规定的医疗期满后不能从事原工作，也不能从事由用人单位另行安排的工作的。……"当然，在解除劳动合同时，要给予员工相应的补偿。

[案例拓展]

企业要避免被"碰瓷"员工敲诈，首先，打铁必须自身硬，严格按照国家的法律法规做好企业与员工之间的劳动合同签订，并办理好相关的社保手续。其次，对那些"碰瓷"的员工，也不能息事宁人，抱着"多一事不如少一事"的想法赔点钱了事，这只会助长这些人的嚣张气焰。要积极到法院应诉，并及时向公安机关报案。

问题8：
不合格的员工应如何辞退？

[案例]

某有限公司最近遇到了件麻烦事，公司高层与公司下属的一位部门经理产生了劳动合同方面的纠纷，双方争执不休，各不让步。事情的起因是这样的：两年前，公司通过发布招聘广告的方式，面向社会招聘公司财务部经理，要求是财经大学硕士研究生以上学历，具有注册会计师资格。徐某（女）应聘，并出示了相关的证书，经过面谈后，公司聘请她为财务部经理，年薪35万，双方签订了劳动合同并附加竞业限制条款，即徐某从公司离职后，5年内不得在同一领域内从事财务工作，公司每年支付补偿金5000元。徐某入职后，公司将徐某送入某财经大学进行了为期半年的培训，培训费用已从徐某的工资中扣除。一年后，公司发现徐某的文凭和注册会计师证都是伪造的，她只是一个自考的本科生，同时徐某利用职务之便将公司客户的信息卖给公司的竞争对手。此外，让公司不可容忍的是她还在其他公司的财务部门兼职，严重影响了本职工作。针对这种情况，公司董事会要求解除与徐某的劳动合同，并要求徐某赔偿损失。徐某则抗辩说自己已怀有3个月身孕，公司无权解雇她，而且要求公司退还她工资中被扣除的培训费部分，并支付加班费。

[法律问题]

该有限公司应该怎么处理徐某？

[法律分析]

第一，公司与徐某之间的劳动合同可以确认无效。《劳动合同法》第二十六条规定："下列劳动合同无效或者部分无效：（一）以欺诈、胁迫的手段或者乘人之危，使对方在违背真实意思的情况下订立或者变更劳动合同的；（二）用人单位免除自己的法定责任、排除劳动者权利的；（三）违反法律、行政法规强制性规定的。对劳动合同的无效或者部分无效有争议的，由劳动争议仲裁机构或者人民法院确认。"该公司在招聘的时候，明确要求财务部门经理需要具有财经大学硕士研究生以上学历及注册会计师资格，而徐某所出示的是伪造的文凭和证书，符合《劳动合同法》第二十六条第一款的规定，是一种欺诈行为。所以，公司可以向劳动部门申请仲裁或起诉，要求解除与徐某的劳动关系。

第二，公司与徐某签订的竞业限制条款部分有效。《劳动合同法》第二十四条规定："竞业限制的人员限于用人单位的高级管理人员、高级技术人员和其他负有保密义务的人员。竞业限制的范围、地域、期限由用人单位与劳动者约定，竞业限制的约定不得违反法律、法规的规定。在解除或者终止劳动合同后，前款规定的人员到与本单位生产或者经营同类产品、从事同类业务的有竞争关系的其他用人单位，或者自己开业生产或者经营同类产品、从事同类业务的竞业限制期限，不得超过二年。"根据上述法律规定，公司与徐某签订的五年内从事相关行业工作的限制是违法的，但是仍然可以禁止徐某从事相关行业工作二年。

第三，徐某的培训费用公司应当退还给她。《劳动法》第六十八条规定："用人单位应当建立职业培训制度，按照国家规定提取和使用职业培训经费，根据本单位实际，有计划地对劳动者进行职业培训。从事技术工种的劳动者，上岗前必须经过培训。"《劳动部关于严禁用人单位录用职工非法收费的通知》中的第二条规定："用人单位不得在招工条件中规定个人缴费内容，劳动行政部门要加强对用人单位招工启事、简章的审查，对违反规定的，应给予警告，并责令其改正。"对自己公司的员工进行岗前培训，是公司的义务，不得将培训的费用的承担责任转嫁给员工，所以，公司应当将培训费退还给徐某。

第四，对于徐某出卖公司利益的行为，公司有权要求徐某赔偿。《劳动合同法》第九十条规定："劳动者违反本法规定解除劳动合同，或者违反劳动合同中约定的保密义务或者竞业限制，给用人单位造成损失的，应当承担赔偿责任。"《劳动法》第一百零二条规定："劳动者违反本法规定的条件解除劳动或者违反劳动合同中约定的保密事项，对用人单位造成经济损失的，应当承担赔偿责任。"公司可以计算因徐某出卖公司利益行为所造成的损失，要求徐某进行赔偿。

第五，即使徐某怀有身孕，公司仍然可以解雇她。《劳动合同法》第三十九条规定："劳动者有下列情形之一的，用人单位可以解除劳动合同：（一）严重失职，营私舞弊，给用人单位造成重大损害的；（二）劳动者同时与其他用人单位建立劳动关系，对完成本单位的工作任务造成严重影响，或者经用人单位提出，拒不改正的。"《劳动合同法》第四十二条规定："劳动者有下列情形之一的，用人单位不得依照本法第四十条、第四十一条的规定解除劳动合同：……（四）女职工在孕期、产期、哺乳期的。……"虽然《劳动合同法》规定了女职工在怀孕期间不得解雇，但没有说女职工在怀孕期间出现严重失职、营私舞弊的行为企业也不能解雇。所以，公司有权在徐某怀孕期间解除劳动合同。

第六，针对徐某提出的加班问题，公司应当根据具体情况进行补偿。《劳动合同法》第三十一条规定："用人单位应当严格执行劳动定额标准不得强迫或者变相强迫劳动者加班。用人单位安排加班的，应当按照国家有关规定向劳动者支付加班费。"《劳动法》第四十一条规定："用人单位由于生产经营需要，经与工会和劳动者协商后可以延长工作时间，一般每日不得超过一小时；因特殊原因需要延长工作时间的，在保障劳动者身体健康的条件下延长工作时间每日不得超过三小时，但是每月不得超过三十六小时。"

第七，针对徐某兼职严重影响本职工作的情况，公司可以要求她支付违约金。《劳动合同法实施条例》第二十六条规定："用人单位与劳动者约定了服务期，劳动者依照《劳动合同法》第三十八条的规定解除劳动合同的，不属于违反服务期的约定，用人单位不得要求劳动者支付违约金。有下列情形之一，用人单位与劳动者解除约定服务期的劳动合同的，劳动者应当按照劳动合同的约定向用人单位支付违约金：……（三）劳动者同时与其他用人单位建立劳动关系，对完成本单位的工作任务造成严重影响，或者经用人单位提出，拒不改正的。……"

[案例拓展]

虽然企业和员工签订了劳动合同，但并不意味着企业无权解雇员工。只要员工违反国家劳动法律法规等有关规定、违反单位的工作纪律，企业就可以解雇员工。

问题9：
如何对员工进行股权激励?

[案例]

某教育培训股份有限公司是一家全国性的教育培训公司。近年来，在公司总经理孙某的领导下，公司的业绩每年稳定增长。为了更好地调动公司员工的积极性，留住公司骨干，公司董事长曹某与公司股东协商，准备拿出公司的部分股份分给以公司总经理孙某为首的公司管理层、员工核心层以及全体公司员工，但不知道什么样的股权激励是合理的。

[法律问题]

公司该如何对员工进行股权激励?

[法律分析]

第一种方式：公司股东按比例出让一部分股份或通过公司未分配利润转增注册资本的方式增加一部分股份作为激励员工的股份。这种方式程序比较烦琐，需要召开股东大会。根据《公司法》第一百零三条第二款规定："股东大会作出决议，必须经出席会议的股东所持表决权过半数通过。但是，股东大会作出修改公司章程、增加或者减少注册资本的决议，以及公司合并、分立、解散或者变更公司形式的决议，必须经出席会议的股东所持表决权的三分之二以上通过。"因为公司股东出让股份或用法定公积金转增注册资本属于公司重大的事项，因此，需要召开股东大会并经过三分之二有表决权股东的同意，最后做出股东大会的决议并由全体股东签字，同时需要修改公司的章程。特别说明，股东大会决议，同意用未分配利润转增资本，需要全体股东签字，仅有三分之二的股东同意是不够的，因为它涉及股权收益。同时，在办理增资业务时，需要进行财务审计并到工商部门办理变更登记。

第二种方式：对总经理孙某等公司高管，可以通过授予股票期权的方式给予公司股份。所谓的股票期权，是指根据岗位角色的贡献，授予员工的一种企业资产所有权份额，该资产所有权能在所限制的条件满足后转换为现金福利。孙某等公司高管如果在规定期限内达到公司所要求的工作绩效，完成既定的工作目标，则有权以较低的价格购买公司的股份，或由公司赠予股份，使他们成为公司的股东。这样做既可以有效地激发孙某等公司高管的工作积极性，又可以避免他们急功近利，只顾眼前利益。

第三种方式：准许员工以公司代扣薪酬的方式购买公司的股份。比如公司准予入职一年以上的员工委托公司财务每月从他们的工资中扣除一部分，用于购买公司的股份，公司将给员工一定的折扣价。这样做有利于保持员工队伍的稳定性，避免员工频繁跳槽。但是员工购买公司的股份也有一定的限制，如果实施员工持股计划的是上市公司，根据证监会《关于上市公司实施员工持股计划试点的指导意见》的有关规定，上市公司全部有效的员工持股计划所持有的股票的总数累计不得超过上市公司总股本总额的10%，单个员工所获股票的权益对应的股数累计不得超过上市公司股本总额的1%。这里不包括员工在公司首发上市前获得的股份、通过二级市场自行购买的股份，以及通过股权激励获得的股份。如果实施员工持股计划的公司是在新三板挂牌的公众公司，根据《非上市公众公司监督管理办法》的有关规定，得到公司股票的公司员工人数只能在35人以内，并且需要由公司董事会提名为公司核心员工，并报股东大会批准。

第四种方式：以限制性股权的形式配送员工公司股份。这样的方式一般针对的是公司的核心骨干和技术研发人员。公司可以根据员工在公司服务的年限，送给他们一定的股份，并且规定在几年内不得转让或抵押；在员工离职时，公司应当回购配送给他们的股份。这样的激励机制可以有效地留住公司的骨干，同时也不会损害公司董事会的控股权。

第五种方式：以虚拟股权的方式，赠送公司内部股票。这是最常见的一种股权激励方式。公司并未实际出资形成新的注册资本，给予员工的股份是根据公司净资产额计算出来的股份。持有虚拟股份的员工不会出现在工商登记的股东名册上，对外不具有对抗效力，员工可以根据被授予虚拟股权的数量参与公司的分红并享受股价升值收益，但没有所有权和表决权，也不能转让和出售，且在离开公司时股权的收益能力自动失效。虚拟股份数额一般不会设定超过注册资本的10%，否则会影响到公司股东的权益。但是，如果公司在设置时虚拟股权太少，也会影响到公司员工的积极性，无法起到激励作用。最好的方法是根据公司业绩的增长而逐步增加虚拟股份的数量，以达到激发员工工作热情的目的。

第六种方式：以股权赠予的方式，将公司股票送给员工。这种方式往往是公司针对管理层或有重大贡献的员工所制定的，办理赠予股份要召开股东大会，需三分之二以上的股东签字同意，并修改公司章程。完成上述程序后，还需到工商管理部门办理股权变更登记。由于办理股权赠予的手续比较烦琐，在操作中也有变通的方法——代持股份，即由原公司股东代持赠予员工的股份，双方签订代持协议但不办理工商变更登记，被赠予的员工成为公司的隐名股东。这样做的好处一方面是避免了烦琐的手续，公司内部即可操作；另一方面也可以合理避税。

[案例拓展]

如今，"股权激励"是热词，一些所谓的法务公司也借机敛财，四处联系企业要为其设计股权激励方案，有些企业管理者可能也接到过这类的推销电话。实际上股权激励并不像网上渲染得那么神秘、遥不可及。通俗地说，股权激励就是企业为了激发员工的工作积极性，向他们分配一些公司的股份，而且操作的程序并不复杂。一般来说，设计股权激励方案有上述几种基本的形式，可由公司的法务进行操作，企业并不需要花大价钱去聘请专业公司来设计所谓的股权激励方案。

⚖ 问题10：
离职解聘有哪些风险？

[案例]

美籍华人张某原系上海某国有控股公司（下称"前公司"）IT部门员工，到与前公司无关的某互联网金融公司（下称"后公司"）任职8个月后，前公司又拟重新录用张某为IO（首席信息官，属"高管"）。2014新年伊始，前公司向张某发出一份热情洋溢的录用函，内容详尽，几乎就是一份劳动合同。函中通知张某在3月31日之前报到，并告知张某办理外国人就业证的具体手续。录用函内容注明，张某的待遇甚为优厚，月度基本薪酬加奖金即达人民币100万元，租房费用每月可报销人民币2万元，还有人民币10万元生活补贴。此外，在医疗、假期、往返美国机票等方面，公司亦许诺提供优厚待遇。张某收到录用函后，书面回复将于2014年2月底从后公司辞职，于3月初入职前公司。天有不测风云，就在张某踌躇满志准备重返老东家之际，前公司突然更换了董事长。新任董事长不同意录用张某为IO，要求人力资源部无论如何都要撤销对张某的录用函。但张某在得悉前公司拟撤销对他的录用之前，已向后公司提交了辞呈。前公司经侧面了解，未发现张某与后公司之间存在明显纠纷；相反，2013年12月，行业监管机构刚刚批准张某为后公司副总经理。

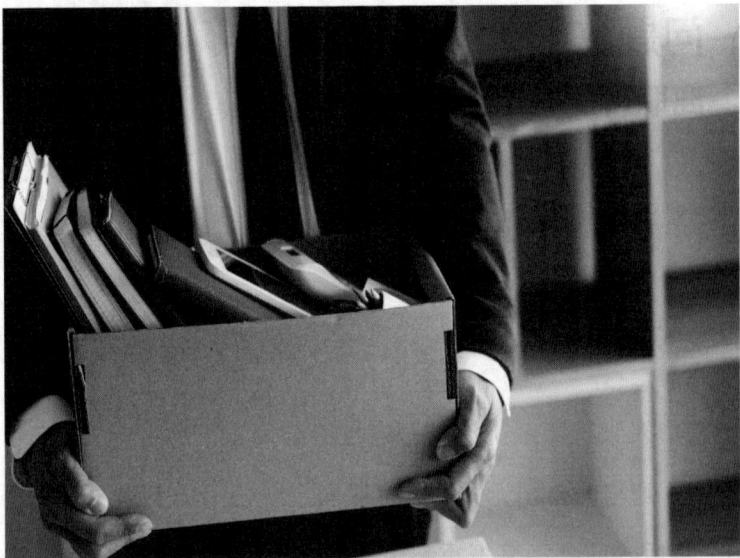

前公司人力资源部负责人与张某协商多次，张某坚决不同意前公司撤销录用。前公司无奈，提出降级录用张某担任部门总经理，亦被张某坚拒。张某认为前公司的做法是对双方原约定的违背，也是对信用的破坏；还称自己连续工作20多年了，马上面临失业，精神近乎崩溃。对于前公司降级录用的提议，张某认为，他的工作没有实权是做不好的，是浪费生命。他声称，如果前公司撤销录用，需向其支付赔偿金人民币120万元，后改为至少80万元。在最后一次谈判中张某要求前公司最低赔偿其人民币40万元。

[法律问题]

前公司是否需为其撤销录用函而向张某承担赔偿责任？

[法律分析]

第一，本案例并非典型的劳动争议。

双方虽曾签订劳动合同，但在张某离职后、前公司重新录用他之前，双方并不存在劳动关系。因此，双方因撤销录用产生的纠纷不属于劳动争议，而属于普通民事纠纷。关于录用通知（本案例中称"录用函"）的性质，业内众说纷纭。笔者认为，录用通知的性质取决于通知的内容，可能是要约邀请，也可能是要约或承诺；个别情况下（比如有员工签署栏且员工已签名或以其他方式接受）还可能被认定为合同，甚至是劳动合同。前公司向张某发出的录用函，性质属于要约，其核心内容是建立劳动关系。张某接受了录用并向后公司辞职，显然是做出了承诺（即接受了前公司的要约）。因此，双方已就建立劳动关系达成合意；虽未签订劳动合同，但录用函对前公司具有法律约束力；若前公司撤销录用，将构成合同法上的缔约过失，有义务适当赔偿张某的实际损失乃至期待利益损失。根据相关判例，若用人单位在发出录用通知后反悔，法院一般判决用人单位赔偿应聘者一定金额的工资损失，通常为三个月左右的工资。上海市某区人民法院有两个案例曾判令公司赔偿员工在找到新工作之前的工资损失。

第二，协议解聘。

《劳动法》第二十四条规定："经劳动合同当事人协商一致，劳动合同可以解除。"协议解除劳动合同是企业与劳动者解除劳动合同最为稳妥、友好的方式。双方协商一致，避免了因一方不满而产生的纠纷，从源头消除了风险。

第三，企业单方面解聘。

协议解聘虽然是最为稳妥的方式，但在现实生活中，企业与劳动者之间往往难以达成协议，尤其是在劳动者难以达到企业用工标准的情况下，企业会选择单方面解除劳动合同，对个别劳动者进行解聘。那么，在这个过程中企业应当如何避免法律风险呢？

其一，过失性辞退。在劳动者有明显过错，对企业造成损害或恶劣影响的情况下，企业为保护自身利益，会选择辞退劳动者。这种情况下企业无须承担补偿责任，也无提前通知的义务。《劳动合同法》第三十九条规定："劳动者有下列情形之一的，用人单位可以解除劳动合同：（一）在试用期间被证明不符合录用条件的；（二）严重违反用人单位的规章制度的；（三）严重失职，营私舞弊，给用人单位造成重大损害的；（四）劳动者同时与其他用人单位建立劳动关系，对完成本单位的工作任务造成严重影响，或者经用人单位提出，拒不改正的；（五）因《劳动合同法》第二十六条第一款第一项规定的情形致使劳动合同无效的；（六）被依法追究刑事责任的。"

其二，无过失性辞退。有时，劳动者虽无明显过错，但其因为工伤以外的身体原因或是个人素质问题难以继续胜任本企业工作，企业在做出调岗、培训或协商努力后该现象仍然存在；或者订立劳动合同时的情况已发生重大变化使劳动合同无法继续，企业与劳动者无法协商一致，企业也可单方面解除劳动合同。但是，由于在这种情况下劳动者并无明显过失，所以企业要承担一定的补偿责任，且应当提前三十日通知劳动者或额外支付一个月工资。

《劳动合同法》第四十条规定："有下列情形之一的，用人单位提前三十日以书面形式通知劳动者本人或者额外支付劳动者一个月工资后，可以解除劳动合同：（一）劳动者患病或者非因工负伤，在规定的医疗期满后不能从事原工作，也不能从事由用人单位另行安排的工作的；（二）劳动者不能胜任工作，经过培训或者调整工作岗位，仍不能胜任工作的；（三）劳动合同订立时所依据的客观情况发生重大变化，致使劳动合同无法履行，经用人单位与劳动者协商，未能就变更劳动合同内容达成协议的。"

其三，经济性裁员。目前，市场竞争越来越激烈，许多小企业（尤其是部分劳动密集型企业）在经济浪潮中颠簸不已、难以为继。为储存力量、逐渐恢复，企业管理者会选择在一定的时期采取经济性裁员的手段来减少支出。由于裁员不同于普通辞退，其面向的劳动者数目较多，因此企业在经济性裁员之前要向工会或全体职工说明情况并听取意见，充分保障劳动者的知情权，并向劳动行政部门报告裁减人员方案。

《劳动合同法》第四十一条规定："有下列情形之一，需要裁减人员二十人以上或者裁减不足二十人但占企业职工总数百分之十以上的，用人单位提前三十日向工会或者全体职工说明情况，听取工会或者职工的意见后，裁减人员方案经向劳动行政部门报告，可以裁减人员：（一）依照企业破产法规定进行重整的；（二）生产经营发生严重困难的；（三）企业转产、重大技术革新或者经营方式调整，经变更劳动合同后，仍需裁减人员的；（四）其他因劳动合同订立时所依据的客观经济情况发生重大变化，致使劳动合同无法履行的。裁减人员时，应当优先留用下列人员：（一）与本单位订立较长期限的固定期限劳动合同的；（二）与本单位订立无固定期限劳动合同的；（三）家庭无其他就业人员，有需要扶养的老人或者未成年人的。用人单位依照本条第一款规定裁减人员，在六个月内重新招用人员的，应当通知被裁减的人员，并在同等条件下优先招用被裁减的人员。"

第四，劳动者辞职。

工作是一个双向选择的过程，在企业可以辞退劳动者的同时，劳动者也可以单方解除劳动合同，也就是人们常说的辞职。我国法律虽整体上偏向于保护劳动者，但也考虑到劳动者的突然辞职可能会让企业措手不及，给企业的正常运营带来麻烦。因此，法律规定了劳动者的提前通知义务。

《劳动合同法》第三十七条规定："劳动者提前三十日以书面形式通知用人单位，可以解除劳动合同。劳动者在试用期内提前三日通知用人单位，可以解除劳动合同。"但在企业有明显过错，违反相关法律规定，给劳动者的经济或人身造成侵害的情况下，劳动者有权随时解除劳动合同。企业切记不可为追求一时便利而违反相关法律法规，否则不仅要对劳动者进行经济补偿甚至有可能因此承担行政责任乃至刑事责任。

《劳动合同法》第三十八条规定："用人单位有下列情形之一的，劳动者可以解除劳动合同：（一）未按照劳动合同约定提供劳动保护或者劳动条件的；（二）未及时足额支付劳动报酬的；（三）未依法为劳动者缴纳社会保险费的；（四）用人单位的规章制度违反法律、法规的规定，损害劳动者权益的；（五）因本法第二十六条第一款规定的情形致使劳动合同无效的；（六）法律、行政法规规定劳动者可以解除劳动合同的其他情形。用人单位以暴力、威胁或者非法限制人身自由的手段强迫劳动者劳动的，或者用人单位违章指挥、强令冒险作业危及劳动者人身安全的，劳动者可以立即解除劳动合同，不需事先告知用人单位。"

第五，哪些情况下企业不得解除劳动合同。

我国法律整体倾向于保护弱势群体的权利，在劳动关系中，对孕妇、工伤者、老年人等弱势群体做出了特别保护，即企业在对方无明显过失的情况下不得辞退对方。

《劳动合同法》第四十二条规定："劳动者有下列情形之一的，用人单位不得依照本法第四十条、第四十一条的规定解除劳动合同：（一）从事接触职业病危害作业的劳动者未进行离岗前职业健康检查，或者疑似职业病病人在诊断或者医学观察期间的；（二）在本单位患职业病或者因工负伤并被确认丧失或者部分丧失劳动能力的；（三）患病或者非因工负伤，在规定的医疗期内的；（四）女职工在孕期、产期、哺乳期的；（五）在本单位连续工作满十五年，且距法定退休年龄不足五年的；（六）法律、行政法规规定的其他情形。"此处第四十条、第四十一条即指上文中所提到的无过失辞退以及经济性裁员的内容。企业违反该规定，要对劳动者进行两倍经济补偿。

第六，关于经济性补偿。

《劳动法》和《劳动合同法》均倾向于保护劳动者，因此在这些法律规定中，作为强势方的企业往往要承担更多的法律责任。在双方均无过错的情况下，企业应当向劳动者支付经济性补偿。

《劳动合同法》第四十六条规定："有下列情形之一的，用人单位应当向劳动者支付经济补偿：（一）劳动者依照本法第三十八条规定解除劳动合同的；（二）用人单位依照本法第三十六条规定向劳动者提出解除劳动合同并与劳动者协商一致解除劳动合同的；（三）用人单位依照本法第四十条规定解除劳动合同的；（四）用人单位依照本法第四十一条第一款规定解除劳动合同的；（五）除用人单位维持或者提高劳动合同约定条件续订劳动合同，劳动者不同意续订的情形外，依照本法第四十四条第一项规定终止固定期限劳动合同的；（六）依照本法第四十四条第四项、第五项规定终止劳动合同的；（七）法律、行政法规规定的其他情形。"

第七，违反有关离职解聘法律规定的责任。

《劳动合同法》第四十八条规定："用人单位违反本法规定解除或者终止劳动合同，劳动者要求继续履行劳动合同的，用人单位应当继续履行；劳动者不要求继续履行劳动合同或者劳动合同已经不能继续履行的，用人单位应当依照本法第八十七条规定支付赔偿金。"

《劳动合同法》第八十七条规定："用人单位违反本法规定解除或者终止劳动合同的，应当依照本法第四十七条规定的经济补偿标准的二倍向劳动者支付赔偿金。"

由上述规定可得知，企业与劳动者双方均无过错的情况下，企业仍需支付经济补偿。在企业一方违规解除劳动合同的情况下，企业责任加重。在此基础上，若劳动者不要求继续履行劳动合同，则企业需要向劳动者支付双倍经济补偿。因此，企业在辞退劳动者时一定要按照法定程序进行，否则得不偿失。

[案例拓展]

企业劳动用工的合法性问题错综复杂，部分原因在于立法层面。比如，2008年1月1日《中华人民共和国劳动合同法》生效后，1995年1月1日起施行的《中华人民共和国劳动法》依然有效，但二法关于劳动合同终止的规定不尽相同，《劳动合同法》不允许用人单位与劳动者约定终止条件，而《劳动法》对此是允许的。又如，《劳动合同法》第十四条第二款第三项关于连续订立二次固定期限劳动合同后续订无固定期限劳动合同的时点，在实际执行中出现了严重的地域分歧。北京等多数地区的用人单位实际上难以终止第二份固定期限劳动合同，上海则允许用人单位终止第二份固定期限劳动合同。再如，全国各地劳动法规、规章、司法解释和裁审会议纪要等对同一问题往往有不同规定。企业劳动用工是否合法在一定程度上亦取决于用人单位的实际操作。比如，《劳动合同法》第四条关于用人单位规章制度制定、修改程序的规定令人费解，有业内知名人士认为这是立法智慧的体现，但实际上此举在较大程度上给予了劳动法专业律师操作空间，同时赋予劳动争议仲裁员及法官一定的自由裁量权。在立法相对模糊的情况下，用人单位的实际操作技巧便至关重要。比如用人单位对规章制度的公示、告知，发放《员工手册》、张贴公告、发布于内网、群发电子邮件往往都不足为据，产生争议时，员工往往一概否认知晓，最安全的方式是让每名员工亲笔签收每一版规章制度，承诺已阅知并完全理解、同意其内容且愿意遵守。

　　劳动关系的核心是人与人的关系，用人单位也是通过管理人员尤其是人力资源部人员、法务部人员以及外部律师与其他员工进行沟通。处理劳动关系无疑应当以人为本，不忘初心，不能只见树木不见森林、只顾浪花却无视海洋，否则用人单位可能陷入尴尬的境地。

问题11：
劳务派遣员工属于什么性质？

[案例]

王某是安徽人，带了一批老乡到浙江。她看到嘉兴劳务市场的发展前景很好，便有心要注册一家劳务派遣公司，将自己的小姐妹们组织起来，集体到各个用人单位务工。然而，王某不知道劳务派遣工是什么工种，有什么具体的要求。

[法律问题]

劳务派遣属于什么性质？

［法律分析］

第一，劳务派遣是派遣单位将劳动者派遣到用工单位工作的一种特殊的用工方式，涉及三方的当事人。《劳动合同法》第五十八条第一款规定："劳务派遣单位是本法所称用人单位，应当履行用人单位对劳动者的义务。劳务派遣单位与被派遣劳动者订立的劳动合同，除应当载明本法第十七条规定的事项外，还应当载明被派遣劳动者的用工单位以及派遣期限、工作岗位等情况。"《劳动合同法》第五十九条第一款规定："劳务派遣单位派遣劳动者应当与接受以劳务派遣形式用工的单位（以下称用工单位）订立劳务派遣协议。劳务派遣协议应当约定派遣岗位和人员数量、派遣期限、劳动报酬和社会保险费的数额与支付方式以及违反协议的责任。"所以，劳务派遣是涉及劳务公司、被派遣劳动者和用人单位三方的用工方式，在签订劳动合同时要综合考虑三方的因素，对派遣的期限、报酬、社会保险等都有一个详细明确的规定。

第二，注册劳务派遣公司需要一定的条件。《劳动合同法》第五十七条规定："经营劳务派遣业务应当具备下列条件：（一）注册资本不得少于人民币二百万元；（二）有与开展业务相适应的固定的经营场所和设施；（三）有符合法律、行政法规规定的劳务派遣管理制度；（四）法律、行政法规规定的其他条件。经营劳务派遣业务，应当向劳动行政部门依法申请行政许可；经许可的，依法办理相应的公司登记。未经许可，任何单位和个人不得经营劳务派遣业务。"所以，王某应当根据规定，先向嘉兴市劳动局申请许可，然后到市场监督局办理注册登记。

第三，被派遣劳动者的工资可以由公司支付，也可以由用工单位直接支付。《劳动合同法》第五十八条第二款规定："劳务派遣单位应当与被派遣劳动者订立二年以上的固定期限劳动合同，按月支付劳动报酬；被派遣劳动者在无工作期间，劳务派遣单位应当按照所在地人民政府规定的最低工资标准，向其按月支付报酬。"因此，劳务派遣公司应当与员工先签订两年以上的劳动合同；并按照嘉兴市最低工资标准，支付员工在无工作期间的报酬。

第四，派遣公司只能向用工单位收取一定的费用，而不能向派遣工收取费用。《劳动合同法》第九条规定："用人单位招用劳动者，不得扣押劳动者的居民身份证和其他证件，不得要求劳动者提供担保或者以其他名义向劳动者收取财物。"《劳动合同法》第六十条规定："劳务派遣单位应当将劳务派遣协议的内容告知被派遣劳动者。劳务派遣单位不得克扣用工单位按照劳务派遣协议支付给被派遣劳动者的劳动报酬。劳务派遣单位和用工单位不得向被派遣劳动者收取费用。"所以，劳务派遣公司的收入来源不是向员工收取所谓的介绍费，那是劳务中介的经营方式。但劳务派遣公司可以向用人单位收取一定的费用，作为公司的盈利。

第五，异地派遣用工的，工资按照用工单位所在地标准发放。《劳动合同法》第六十一条规定："劳务派遣单位跨地区派遣劳动者的，被派遣劳动者享有的劳动报酬和劳动条件，按照用工单位所在地的标准执行。"

第六，用工单位应当对派遣工同工同酬并支付加班费等。《劳动合同法》第六十二条规定："用工单位应当履行下列义务：（一）执行国家劳动标准，提供相应的劳动条件和劳动保护；（二）告知被派遣劳动者的工作要求和劳动报酬；（三）对在岗被派遣劳动者进行工作岗位所必需的培训；（四）支付加班费、绩效奖金，提供与工作岗位相关的福利待遇；（五）连续用工的，实行正常的工资调整机制。用工单位不得将被派遣劳动者再派遣到其他用人单位。"《劳动合同法》第六十三条规定："被派遣劳动者享有与用工单位的劳动者同工同酬的权利。用工单位应当按照同工同酬原则，对被派遣劳动者与本单位同类岗位的劳动者实行相同的劳动报酬分配办法。用工单位无同类岗位劳动者参照用工单位所在地相同或者相近岗位劳动者的劳动报酬确定。劳务派遣单位与被派遣劳动者订立的劳动合同和与用工单位订立的劳务派遣协议，载明或者约定的向被派遣劳动者支付的劳动报酬应当符合前款规定。"从这两条规定中可以看出，派遣工并不是临时工，有权享受与用人单位正式员工同工同酬的权利，并依法享有其他福利待遇，用人单位不得区别对待。

第七，用人单位有权与劳务派遣人员解除合同，同样，劳务派遣人员也有权和用人单位解除合同。《劳动合同法》第六十五条规定："被派遣劳动者可以依照本法第三十六条、第三十八条的规定与劳务派遣单位解除劳动合同。被派遣劳动者有本法第三十九条和第四十条第一项、第二项规定情形的，用工单位可以将劳动者退回劳务派遣单位，劳务派遣单位依照本法有关规定，可以与劳动者解除劳动合同。"《劳动合同法》第三十六条规定："用人单位与劳动者协商一致，可以解除劳动合同。"《劳动合同法》第三十八条规定："用人单位有下列情形之一的，劳动者可以解除劳动合同：（一）未按照劳动合同约定提供劳动保护或者劳动条件的；（二）未及时足额支付劳动报酬的；（三）未依法为劳动者缴纳社会保险费的；（四）用人单位的规章制度违反法律、法规的规定，损害劳动者权益的；（五）因本法第二十六条第一款规定的情形致使劳动合同无效的；（六）法律、行政法规规定劳动者可以解除劳动合同的其他情形。用人单位以暴力、威胁或者非法限制人身自由的手段强迫劳动者劳动的或者用人单位违章指挥、强令冒险作业危及劳动者人身安全的，劳动者可以立即解除劳动合同，不需事先告知用人单位。"如果出现上述情况，用人单位或劳动者都有权解除劳动合同。

第八，用人单位不得在所有岗位上都使用劳务派遣工。《劳动合同法》第六十六条规定："劳动合同用工是我国企业的基本用工形式。劳务派遣用工是补充形式，只能在临时性、辅助性或者替代性的工作岗位上实施。前款规定的临时性工作岗位是指存续时间不超过六个月的岗位；辅助性工作岗位是指为主营业务岗位提供服务的非主营业务岗位；替代性工作岗位是指用工单位的劳动者因脱产学习、休假等原因无法工作的一定期间内，可以由其他劳动者替代工作的岗位。用工单位应当严格控制劳务派遣用工数量，不得超过其用工总量的一定比例，具体比例由国务院劳动行政部门规定。"

第九，劳务派遣公司不得招收临时工及非全日制工作人员。《劳动合同法》第五十八条第二款规定："劳务派遣单位应当与被派遣劳动者订立二年以上的固定期限劳动合同，按月支付劳动报酬；被派遣劳动者在无工作期间，劳务派遣单位应当按照所在地人民政府规定的最低工资标准，向其按月支付报酬。"《劳动合同法实施条例》第三十条规定："劳务派遣单位不得以非全日制用工形式招用被派遣劳动者。"

[案例拓展]

　　劳务派遣工和企业合同工的地位、待遇是一样的，只是劳务派遣工要先和劳务公司签订劳务合同，然后由劳务公司派遣到其他单位工作。这种用工形式有助于提高企业工作效率，减少人力资源的浪费，是未来用工发展的方向。

问题12：
如何保护自己的知识产权不受侵害?

[案例]

为了更好地开展公务员考试的教育、科研工作，方某成立了一家工作室，专门研发与公务员考试有关的教材、资料等，并将写完的教材、资料卖给各个培训机构。但最近，方某感到很恼火，自己辛辛苦苦组织人研发的教材，却被其他机构无偿拿来使用，严重地侵犯了自身的合法权益。主要问题有以下几个：一是贵州某机构将方某工作室的资料印成教材，下发给学生。当方某指责他们时，对方回答说方某的资料没有正式出版，所以没有著作权，谁都可以用。二是自己工作室的老师李某在编写完工作室安排其编写的教材后，私自将教材许可给其他培训机构使用。三是工作室委托的老师张某在编写完行测教材后，又将该教材交给工作室的竞争对手出版，给工作室造成很大的损失。四是某网校私自使用工作室的教材，并录制授课视频，在网上播放且收取费用。五是某公考联盟在开研讨会的时候，私自复印工作室的资料进行教学研讨。

[**法律问题**]

方某应该如何保护自己的知识产权？

[**法律分析**]

第一，贵州某机构的行为是违法的，因为即使是未公开出版的教材，方某工作室也享有著作权。《中华人民共和国著作权法》（以下简称《著作权法》）第二条第一款规定："中国公民、法人或者其他组织的作品，不论是否发表，依照本法享有著作权。"《著作权法》第十条规定："著作权包括下列人身权和财产权：（一）发表权，即决定作品是否公之于众的权利；（二）署名权，即表明作者身份，在作品上署名的权利；（三）修改权，即修改或者授权他人修改作品的权利；（四）保护作品完整权，即保护作品不受歪曲、篡改的权利；（五）复制权，即以印刷、复印、拓印、录音、录像、翻录、翻拍等方式将作品制作一份或者多份的权利；（六）发行权，即以出售或赠与方式向公众提供作品的原件或复制件的权利；（七）出租权，即有偿许可他人临时使用电影作品和以类似摄制电影的方法创作的作品、计算机软件的权利，计算机软件不是出租的主要标的的除外；（八）展览权，即公开陈列美术作品、摄影作品的原件或者复制件的权利；（九）表演权，即公开表演作品，以及用各种手段公开播送作品的表演的权利；（十）放映权，即通过放映机、幻灯机等技术设备公开再现美术、摄影、电影和以类似摄制电影的方法创作的作品等的权利；（十一）广播权，即以无线方式公开广播或者传播作品，以有线传播或者转播的方式向公众传播广播的作品，以及通过扩音器或者其他传送符号、声音、图像的类似工具向公众传播广播的作品的权利；（十二）信息网络传播权，即以有线或者无线方式向公众提供作品，使公众可以在其个人选定的时间和地点获得作品的权利；（十三）摄制权，即以摄制电影或者以类似摄制电影的方法将作品固定在载体上的权利；（十四）改编权，即改变作品，创作出具有独创性的新作品的权利；（十五）翻译权，即将作品从一种语言文字转换成另一种语言文字的权利；（十六）汇编权，即将作品或者作品的片段通过选择或者编排，汇集成新作品的权利；（十七）应当由著作权人享有的其他权利。著作权人可以许可他人行使前款第五项至第十七项规定的权利，并依照约定或者本法有关规定获得报酬。著作权人可以全部或者部分转让本条第一款第五项至第十七项规定的权利，并依照约定或者本法有关规定获得报酬。"所以，即使方某工作室的教材没有公开出版，贵州某机构的做法仍然侵犯了方某工作室的署名权和发行权等人身和财产权。

第二，工作室老师李某未经许可将编写的教材交给他人使用是违法的。

《著作权法》第十八条规定："公民为完成法人或者其他组织工作任务所创作的作品是职务作品，除本条第二款的规定以外，著作权由作者享有，但法人或者其他组织有权在其业务范围内优先使用。作品完成两年内，未经单位同意，作者不得许可第三人以与单位使用的相同方式使用该作品。有下列情形之一的职务作品，作者享有署名权，著作权的其他权利由法人或者其他组织享有，法人或者其他组织可以给予作者奖励：（一）主要利用法人或者其他组织的物质技术条件创作，并由法人或者其他组织承担责任的工程设计图、产品设计图、地图、计算机软件等职务作品；（二）法律、行政法规规定或者合同约定著作权由法人或者其他组织享有的职务作品。"李某是工作室的工作人员，编写教材是工作室交办的任务，并且李某利用了工作室提供的物质条件，所以他的作品应当是职务作品，未经方某同意不得许可给他人使用。因此，李某应当承担赔偿的责任。

第三，张某的行为需要具体问题具体分析。

《著作权法》第十九条规定："受委托创作的作品，著作权的归属由委托人和受托人通过合同约定。合同未作明确约定或者没有订立合同的，著作权属于受托人。"如果张某和方某的工作室没有签订委托合同，或委托合同中没有约定张某所创作的作品属于工作室，则张某有权将自己的作品转让给他人。反之，如果有明确的合同约定张某的作品属于工作室，则张某违约，应当承担违约责任。

第四，某网校的行为是侵权行为。

《信息网络传播权保护条例》第二条规定："权利人享有的信息网络传播权受著作权法和本条例保护。除法律、行政法规另有规定的外，任何组织或者个人将他人的作品、表演、录音录像制品通过信息网络向公众提供，应当取得权利人许可，并支付报酬。"《信息网络传播权保护条例》第十五条规定："网络服务提供者接到权利人的通知书后，应当立即删除涉嫌侵权的作品、表演、录音录像制品，或者断开与涉嫌侵权的作品、表演、录音录像制品的链接，并同时将通知书转送提供作品、表演、录音录像制品的服务对象；服务对象网络地址不明、无法转送的，应当将通知书的内容同时在信息网络上公告。"某网校没有和方某的工作室联系，直接将工作室编写的教材在网上传播，违反了国家的有关规定。方某可以根据法律规定，以书面的形式要求该网校停止传播，并支付工作室相应的报酬并且赔偿损失。

第五，公考联盟复印工作室的资料进行研讨是合法的。

《著作权法》第二十四条第六款规定："在下列情况下使用作品，可以不经著作权人许可，不向其支付报酬，但应当指明作者姓名、作品名称，并且不得侵犯著作权人依照本法享有的其他权利：……（六）为学校课堂教学或者科学研究，翻译或者少量复制已经发表的作品，供教学或者科研人员使用，但不得出版发行。……"该联盟只是组织公考老师在一起进行研讨，并且仅复制了少量的工作室的资料，所以是合法的。

第六，方某可以针对侵权行为提起诉讼，要求赔偿。

《著作权法》第四十九条规定："侵犯著作权或者与著作权有关的权利的，侵权人应当按照权利人因此受到的实际损失或者侵权人的违法所得给予赔偿；权利人的实际损失或者侵权人的违法所得难以计算的，可以参照该权利使用费给予赔偿。对故意侵犯著作权或者与著作权有关的权利，情节严重的，可以在按照上述方法确定数额的一倍以上五倍以下给予赔偿。权利人的实际损失、侵权人的违法所得、权利使用费难以计算的，由人民法院根据侵权行为的情节，判决给予五百元以上五百万元以下的赔偿。赔偿数额还应当包括权利人为制止侵权行为所支付的合理开支。"方某可以计算自己的损失，以及就侵权所支付的合理开支，提出诉讼，要求侵权人给予赔偿。

[案例拓展]

我国已经加入世界保护知识产权的组织，对知识产权的保护力度不断加大，但在出版市场上以及学术界，仍然有少数人为利益所驱动，肆意占有他人的劳动成果，比如著名作家莫言获得诺贝尔奖后，在图书市场上流通的其作品的盗版书比正版书的数量还要多。这种行为不仅侵害了出版者的经济利益，还败坏了作者的名誉。从上面的案例中可以看出，对于知识产权所有方，特别是文化创意类的企业，要了解著作权相关的法律法规，当企业的利益受到损害时，要及时运用法律来维护自己的合法利益。

问题13：
如何申请职务发明创造专利?

[案例]

　　某汽车公司技术研发团队最近在电动车的电池方面有了新的发明和突破，使研发出的电动车电池的使用寿命和使用效率与传统电池相比提高了一倍以上。公司董事会因此十分兴奋，决定将这项发明作为公司的核心技术，申请专利保护。但董事会的成员对几件事没有搞清楚：一是这项发明涉及电池的多个方面的技术，是分别申请还是一起申请；二是专利权人是公司还是个人；三是对研发团队的成员怎样进行奖励；四是能否直接到国外申请专利；五是该项发明借鉴了他人的专利，如果他人不同意使用，该如何应对。

[法律问题]

如何回答上述问题?

[法律分析]

第一，该项电池的发明虽然涉及电池的多个方面的技术，但可以作为一项专利来申请。《中华人民共和国专利法》（以下简称《专利法》）第三十一条规定："一件发明或者实用新型专利申请应当限于一项发明或者实用新型。属于一个总的发明构思的两项以上的发明或者实用新型，可以作为一件申请提出。一件外观设计专利申请应当限于一项外观设计。同一产品两项以上的相似外观设计，或者用于同一类别并且成套出售或者使用的产品的两项以上外观设计，可以作为一件申请提出。"公司的该项发明虽然涉及电池的多个方面的技术，但实际上是基于一个总的发明的构思，所以可以作为一项专利来申请，这样做既节省成本，又简化了程序。

第二，该项发明的专利权人应当是该汽车公司。《专利法》第六条第一款规定："执行本单位的任务或者主要是利用本单位的物质技术条件所完成的发明创造为职务发明创造。职务发明创造申请专利的权利属于该单位；申请被批准后，该单位为专利权人。"《中华人民共和国专利法实施细则》（以下简称《专利法实施细则》）第二条规定："专利法第六条所称执行本单位的任务所完成的职务发明创造是指：（一）在本职工作中作的发明创造；（二）履行本单位交付的本职工作之外的任务所作的发明创造；（三）退休、调离原单位后或者劳动、人事关系终止后1年内作的，与其在原单位承担的本职工作或者原单位分配的任务有关的发明创造。专利法第六条所称本单位，包括临时工作单位；专利法第六条所称本单位的物质技术条件，是指本单位的资金、设备、零部件、原材料或者不对外公开的技术资料等。"该汽车公司的技术研发团队是为了完成本公司交代的任务，利用公司的物质条件作出的发明。所以，专利权人应当是该汽车公司。

第三，公司可以在分清团队成员贡献大小之后，依法给予奖励。《专利法实施细则》第十三条规定："专利法所称发明人或者设计人，是指对发明创造的实质性特点作出创造性贡献的人。在完成发明创造过程中，只负责组织工作的人、为物质技术条件的利用提供方便的人或者从事其他辅助工作的人，不是发明人或者设计人。"《专利法实施细则》第七十六条、第七十七条规定了对发明人，单位应当给予约定的奖励或不少于3000元的奖金。为了更好地激发研发团队的创新精神，留住企业的核心人才，公司可以从利润以及专利使用费中提取一定的比例奖励给发明人。《专利法实施细则》第七十八条规定："被授予专利权的单位未与发明人设计人约定也未在其依法制定的规章制度中规定专利法第十六条规定的报酬的方式和数额的，在专利权有效期限内，实施发明创造专利后，每年应当从实施该项发明或者实用新型专利的营业利润中提取不低于2%或者从实施该项外观设计专利的营业利润中提取不低于0.2%，作为报酬给予发明人或者设计人，或者参照上述比例，给予发明人或者设计人一次性报酬；被授予专利权的单位许可其他单位或者个人实施其专利的，应当从收取的使用费中提取不低于10%，作为报酬给予发明人或者设计人。"

第四，公司不能直接向外国申请专利，而先要经国家专利部门进行审批。《专利法》第二十条第一款规定："任何单位或者个人将在中国完成的发明或者实用新型向外国申请专利的，应当事先报经国务院专利行政部门进行保密审查。保密审查的程序、期限等按照国务院的规定执行。"《专利法实施细则》第八条规定："专利法第二十条所称在中国完成的发明或者实用新型，是指技术方案的实质性内容在中国境内完成的发明或者实用新型。任何单位或者个人将在中国完成的发明或者实用新型向外国申请专利的，应当按照下列方式之一请求国务院专利行政部门进行保密审查：（一）直接向外国申请专利或者向有关国外机构提交专利国际申请的，应当事先向国务院专利行政部门提出请求，并详细说明其技术方案；（二）向国务院专利行政部门申请专利后拟向外国申请专利或者向有关国外机构提交专利国际申请的，应当在向外国申请专利或者向有关国外机构提交专利国际申请前向国务院专利行政部门提出请求。向国务院专利行政部门提交专利国际申请的，视为同时提出了保密审查请求。"所以，该公司是不能直接向外国提出专利申请的，应当先经国内专利部门的审查。

第五，如果前一位专利权人不同意使用他的专利，该公司可以申请专利强制许可。《专利法》第五十一条第一款规定："一项取得专利权的发明或者实用新型比前已经取得专利权的发明或者实用新型具有显著经济意义的重大技术进步，其实施又有赖于前一发明或者实用新型的实施的，国务院专利行政部门根据后一专利权人的申请，可以给予实施前一发明或者实用新型的强制许可。"《专利法实施细则》第七十四条第一款规定："请求给予强制许可的，应当向国务院专利行政部门提交强制许可请求书，说明理由并附具有关证明文件。"所以，如果该项发明的前一个专利权人不同意使用他的专利，该公司可以申请国务院专利部门实施强制许可。

[案例拓展]

如今，我国提倡要增强国家的核心创造力。对于企业来说，核心创造力是由公司的核心技术转化而来的，衡量标准就是公司专利的拥有量和使用效率。如何保护好自己公司的核心技术，使它们发挥最大的作用，是每个公司都会面临的挑战。从上面的案例看出，公司的专利权的申请和归宿是一个系统工程。公司应当在专业律师的指导下，针对不同性质的专利采取不同的申请和保护方式。

问题14：
如何申请认定驰名商标？

[案例]

董某在江西赣州经营水果种植业已经十多年了，其公司出产的赣南旭光牌脐橙一直在国内各地十分有名。上个月"赣南脐橙"协会要求董某加入并每年支付会员费20万元，否则的话就不准使用"赣南脐橙"字样，董某对于此事十分不情愿。同时他还希望自己的赣南旭光牌脐橙能成为驰名商标产品。

[法律问题]

董某应该怎么做？

[法律分析]

第一，协会要求董某入会，否则不得使用"赣南脐橙"字样的要求是没有依据的。《中华人民共和国商标法实施条例》第四条第二款规定："以地理标志作为证明商标注册的，其商品符合使用该地理标志条件的自然人、法人或者其他组织可以要求使用该证明商标，控制该证明商标的组织应当允许。以地理标志作为集体商标注册的，其商品符合使用该地理标志条件的自然人、法人或者其他组织，可以要求参加以该地理标志作为集体商标注册的团体、协会或者其他组织，该团体、协会或者其他组织应当依据其章程接纳为会员；不要求参加以该地理标志作为集体商标注册的团体、协会或者其他组织的，也可以正当使用该地理标志，该团体、协会或者其他组织无权禁止。"赣南脐橙属于以地理标志作为集体商标注册的商标。赣南脐橙协会作为团体，是无权禁止他人使用这个地理标志商标的。

第二，驰名商标的定义以及获得驰名商标的好处。《驰名商标认定和保护规定》第二条规定："驰名商标是在中国为相关公众所熟知的商标。相关公众包括与使用商标所标示的某类商品或者服务有关的消费者，生产前述商品或者提供服务的其他经营者以及经销渠道中所涉及的销售者和相关人员等。"如果董某的产品能冠以驰名商标的话，有以下三个方面的好处：（1）驰名商标认定有利于品牌获得更大范围和更强力度的法律保护。驰名商标权利人有权禁止他人在一定范围内的商品、服务上注册或使用驰名商标及其近似商标；在立案调查假冒商标犯罪案件时，不受立案金额的限制；驰名商标权利人提起侵权认定时，行政和司法机关判定商标近似的可能性更大，以防止其他公司将驰名商标作为公司名称登记注册。（2）驰名商标认定后不但能够提高产品、服务的信任度，还能够提升品牌的经济价值。使用驰名商标的产品或者服务代表着更高的品质和信誉，更容易使消费者信任；同时，驰名商标因其全国性和显著性而具有更大的经济价值。众多有关商标侵权的案例已经证明，驰名商标本身所具有的市场价值甚至会超过企业固定资产的价值。（3）驰名商标认定后权利人可以获得政府的资金奖励。各地政府为鼓励企业将品牌做大做强，均会出台政策鼓励企业申报驰名商标。因此，企业认定驰名商标不但有利于企业发展，还能够直接获得资金奖励。所以，董某应当争取将自己的商标评为驰名商标。

第三，如何启动驰名商标的认定程序。《中华人民共和国商标法》（以下简称《商标法》）第十三条第一款规定："为相关公众所熟知的商标，持有人认为其权利受到侵害时，可以依照本法规定请求驰名商标保护。"在中国，驰名商标的认定和其他种类的评奖机制不一样，简单地说，可以概括为"无争议无认定"，即必须有商标的争议以后，才能出现驰名商标的认定问题。

第四，申请驰名商标所需的材料。《驰名商标认定和保护规定》第九条规定："以下材料可以作为证明符合商标法第十四条第一款规定的证据材料：（一）证明相关公众对该商标知晓程度的材料。（二）证明该商标使用持续时间的材料，如该商标使用、注册的历史和范围的材料。该商标为未注册商标的，应当提供证明其使用持续时间不少于五年的材料。该商标为注册商标的，应当提供证明其注册时间不少于三年或者持续使用时间不少于五年的材料。（三）证明该商标任何宣传工作持续时间程度和地理范围的材料，如近三年广告宣传和促销活动的方式、地域范围、宣传媒体的种类以及广告投放量等材料。（四）证明该商标曾在中国或者其他国家和地区作为驰名商标受保护的材料。（五）证明该商标驰名的其他证据材料，如使用该商标的主要商品在近三年的销售收入、市场占有率、净利润、纳税额、销售区域等材料。"

以上所称"三年""五年"，是指被提出异议的商标注册申请日期，被提出无效宣告请求的商标注册申请日期之前的三年、五年，以及在查处商标违法案件中提出驰名商标保护请求日期之前的三年、五年。

第五，驰名商标认定的流程。（1）与代理机构签订代理合同。（2）寻找驰名商标认定所需要的案件，律师根据客户情况制定相关的材料。（3）律师组织案件材料和证商证据材料，向案件发生地市级工商局或者直接向商标局、商评委提交材料，或者向所在地中级人民法院知识产权庭提起诉讼。（4）相关政府部门或法院受理后，进行审查或审理，然后在官网上公布认定结果。

[案例拓展]

作为消费者，我们本能地会对一些冠以驰名商标标志的产品产生信赖，认为驰名商标是质量和实力的保证，如贵州茅台、嘉兴五芳斋粽子等。一些企业也希望自己的产品能够拥有驰名商标。地方有实力的企业应当凭借自己企业的特色产品去申请国家的驰名商标，这样不仅有利于产品的销售，还可增加企业的知名度。

问题15：
票据丢失有什么补救的办法？

[案例]

桐乡羊毛衫市场的老板齐某近几天急得要命，原因是他收到浙江某集团开出的一张汇票，金额15万元，汇票的承兑人为中国工商银行嘉兴分行，付款期限为出票后30天。结果在他外出办事的时候，装有汇票的皮包被偷走了，齐某感觉很慌张。

[法律问题]

如遇这种情况应该如何应对？

[法律分析]

第一，齐某应当立即联系中国工商银行，办理挂失止付的手续。因为票据（汇票、本票、支票）都是无因证券，也就是付款单位没有义务审核出票人和持票人是什么关系，仅见票付款。所以，当出现票据丢失的情况，第一时间要通知银行，办理挂失止付手续。

《票据法》第十五条第一、第二款规定："票据丧失，失票人可以及时通知票据的付款人挂失止付，但是，未记载付款人或者无法确定付款人及其代理付款人的票据除外。收到挂失止付通知的付款人，应当暂停支付。"在通知银行票据丢失并办理挂失止付手续时，应当填写挂失止付通知书并签字盖章。

《票据管理实施办法》第十九条规定："票据法规定可以办理挂失止付的票据丧失的，失票人可以依照票据法的规定及时通知付款人或者代理付款人挂失止付。失票人通知票据的付款人或者代理付款人挂失止付时，应当填写挂失止付通知书并签章。挂失止付通知书应当记载下列事项：（一）票据丧失的时间和事由；（二）票据种类号码、金额、出票日期、付款日期、付款人名称、收款人名称；（三）挂失止付人的名称、营业场所或者住所，以及联系方法。"

第二，向法院申请公示催告，请法院判决丢失的票据无效。挂失止付是票据持有人在票据丢失后采取的一种暂时的预防措施，以避免票据被冒领或者被骗取。所以，票据持有人在票据丢失后可以先办理挂失止付手续，再向法院申请公示催告；或者直接向法院申请公示催告，法院的公示催告是必经程序。

《票据管理实施办法》第二十条规定："付款人或者代理付款人收到挂失止付通知书，应当立即暂停支付。付款人或者代理付款人自收到挂失止付通知书之日起12日内没有收到人民法院的止付通知书的，自第13日起，挂失止付通知书失效。"从这条规定上可以看出，先办理了挂失止付手续后，应当尽快申请法院办理公示催告程序。

《票据法》第十五条第三款规定："失票人应当在通知挂失止付后三日内，也可以在票据丧失后，依法向人民法院申请公示催告，或者向人民法院提起诉讼。"

《中华人民共和国民事诉讼法》第十八章规定了公示催告的程序。

第二百二十五条："按照规定可以背书转让的票据持有人，因票据被盗、遗失或者灭失，可以向票据支付地的基层人民法院申请公示催告。依照法律规定可以申请公示催告的其他事项，适用本章规定。申请人应当向人民法院递交申请书，写明票面金额、发票人、持票人、背书人等票据主要内容和申请的理由、事实。"

第二百二十六条："人民法院决定受理申请，应当同时通知支付人停止支付，并在三日内发出公告，催促利害关系人申报权利。公示催告的期间，由人民法院根据情况决定，但不得少于六十日。"

第二百二十七条："支付人收到人民法院停止支付的通知，应当停止支付，至公示催告程序终结。公示催告期间，转让票据权利的行为无效。"

第二百二十八条："利害关系人应当在公示催告期间向人民法院申报。人民法院收到利害关系人的申报后，应当裁定终结公示催告程序，并通知申请人和支付人。申请人或者申报人可以向人民法院起诉。"

第二百二十九条："没有人申报的，人民法院应当根据申请人的申请，作出判决，宣告票据无效。判决应当公告，并通知支付人。自判决公告之日起，申请人有权向支付人请求支付。"

第二百三十条规定："利害关系人因正当理由不能在判决前向人民法院申报的，自知道或者应当知道判决公告之日起一年内，可以向作出判决的人民法院起诉。"

第三，齐某可以向法院提起民事诉讼，要求银行直接将丢失票据上的金额支付给他。《票据法》第十五条第三款规定："失票人应当在通知挂失止付后三日内，也可以在票据丧失后，依法向人民法院申请公示催告，或者向人民法院提起诉讼。"

在提起民事诉讼时，齐某要注意以下四点：一是为了保证该丢失票据能得到有效的偿付，齐某可以将银行、某集团、保证人（如果有）等都列为被告，请他们承担连带责任。《票据法》第六十八条规定："汇票的出票人、背书人、承兑人和保证人对持票人承担连带责任。持票人可以不按照汇票债务人的先后顺序，对其中任何一人、数人或者全体行使追索权。持票人对汇票债务人中的一人或者数人已经进行追索的，对其他汇票债务人仍可以行使追索权。被追索人清偿债务后，与持票人享有同一权利。"二是诉状上诉讼请求的内容应写上要求付款人或其他票据债务人在票据到期或判决生效后支付票据金额。三是齐某应当提供向公安机关报案的证明以及其票据丢失的证明。四是齐某在向法院起诉时，应当以现金类财产的形式提供担保，以防止被告人由于诉讼而造成损失。

进行民事诉讼的目的在于确定齐某是该丢失票据的合法持有人，从而解决票据丢失后齐某难以兑现汇票的问题。

[案例拓展]

　　从上面的案例中我们可以看出，当票据丢失时，不要掉以轻心，认为票据只是一张纸片，没什么损失，从而错过黄金补救时间；但也不要惊慌失措，可以在律师的协助下，及时采取法律手段，从而避免资金遗失。

问题16：
企业收到空头支票怎么办?

[案例]

沈某是海宁皮革城的老板,前几天湖北某贸易公司到他那里进货,签发了一张金额为50万元的转账支票,开户行为金鑫银行。收到支票后,沈某当天到金鑫银行兑现支票。金鑫银行的柜台员检查该贸易公司的账户后,发现该账户存款余额为60万元,但金鑫银行的柜台员工以支票上没有载明付款地即金鑫银行哪个支行付款为由,要求沈某将支票拿回由该贸易公司补填上付款地。两天后,沈某找到该贸易公司将付款地补填后,又到金鑫银行要求付款,结果发现该贸易公司的存款已被转走,该张支票为空头支票。

[法律问题]

遇到这种情况，沈某该怎么办？

[法律分析]

第一，该贸易公司签发空头支票的行为是违法的，应当给予沈某赔偿。

《票据法》第八十七条规定："支票的出票人所签发的支票金额不得超过其付款时在付款人处实有的存款金额。出票人签发的支票金额超过其付款时在付款人处实有的存款金额的，为空头支票。禁止签发空头支票。"

《票据实施管理办法》第三十一条规定："签发空头支票或者签发与其预留的签章不符的支票，不以骗取财物为目的的，由中国人民银行处以票面金额5%但不低于1000元的罚款；持票人有权要求出票人赔偿支票金额2%的赔偿金。"

所以，沈某可以针对该贸易公司签发空头支票的行为，向中国人民银行举报，并向法院起诉，要求该公司支付货款50万元，并支付支票金额的2%，即1万元的赔偿金。

第二，如果该贸易公司拒绝赔偿，沈某可以向公安机关报案。

《票据法》第一百零二条规定："有下列票据欺诈行为之一的，依法追究刑事责任：（一）伪造、变造票据的；（二）故意使用伪造、变造的票据的；（三）签发者故意签与其留的本名签名式样或者印鉴不符的支票，骗取财物的；（四）签发无可靠资金来源的汇票、本票，骗取财物的；（五）汇票、本票的出票人在出票时作虚假记载，骗取财物的；（六）冒用他人的票据，或者故意使用过期或者作废的票据，骗取财物的；（七）付款人同出票人、持票人恶意串通，实施前六项所列行为之一的。"

《中华人民共和国刑法》（以下简称《刑法》）第一百九十四条规定："有下列情形之一，进行金融票据诈骗活动，数额较大的，处五年以下有期徒刑或者拘役，并处二万元以上二十万元以下罚金；数额巨大或者有其他严重情节的，处五年以上十年以下有期徒刑，并处五万元以上五十万元以下罚金；数额特别巨大或者有其他特别严重情节的，处十年以上有期徒刑或者无期徒刑，并处五万元以上五十万元以下罚金或者没收财产：（一）明知是伪造、变造的汇票、本票、支票而使用的；（二）明知是作废的汇票、本票、支票而使用的；（三）冒用他人的汇票、本票、支票的；（四）签发空头支票或者与其预留印鉴不符的支票，骗取财物的；（五）汇票、本票的出票人签发无资金保证的汇票、本票或者在出票时作虚假记载，骗取财物的。使用伪造、变造的委托收款凭证、汇款凭证、银行存单等其他银行结算凭证的，依照前款的规定处罚。"

因为该贸易公司签发空头支票的金额为50万元，符合数额较大的条件，且明知已签发支票，还将存款转走，主观上是故意的。这符合票据诈骗罪的特征，签发空头支票者应当承担刑事责任。

第三，金鑫银行的柜台员工以支票上没有载明付款地而拒绝支付的行为是违法的。

《票据法》第八十六条第二款规定："支票上未记载付款地的，付款人的营业场所为付款地。"

因为支票上的付款地和出票地属于《票据法》上可以记载的事项，既可以填写，也可以不填写，而不是绝对要求记载的事项。银行柜台员工应当自然推断出付款地是金鑫银行的所在地，而不应当要求沈某去补填付款地，致使支票账户中的存款被转走，所以要承担责任。

第四，金鑫银行及其柜台员工应当承担赔偿责任。

《票据法》第一百零五条规定："票据的付款人对见票即付或者到期的票据，故意压票，拖延支付的，由金融行政管理部门处以罚款，对直接责任人员给予处分。票据的付款人故意压票，拖延支付，给持票人造成损失的，依法承担赔偿责任。"

《中华人民共和国商业银行法》第七十三条规定："商业银行有下列情形之一，对存款人或者其他客户造成财产损害的，应当承担支付迟延履行的利息以及其他民事责任：（一）无故拖延、拒绝支付存款本金和利息的；（二）违反票据等结算业规定，不予兑现，不予收付入账，压单、压票或者违反规定退票的；（三）非法查询、冻结、扣划个人储蓄存款或者单位存款的；（四）违反本法规定对存款人或者其他客户造成损害的其他行为。有前款规定情形的，由国务院银行业监督管理机构责令改正，有违法所得的没收违法所得，违法所得五万元以上的并处违法所得一倍以上五倍以下罚款；没有违法所得或者违法所得不足五万元的，处五万元以上五十万元以下罚款。"

所以，沈某有权要求金鑫银行承担连带赔偿责任，支付利息，并对其柜台员工进行处分。

[案例拓展]

当发现收到的支票是空头支票的时候，要第一时间联系银行并向公安机关报案，不给对方逃跑的时机；同时，也可以向法院提起诉讼，且在提起诉讼的同时申请诉讼财产保全，避免对方转移资产。

问题17：
如何办理合法保险？

[案例]

张某（女）是一家保险公司的业务经理，最近她遇到了一点业务问题：一是她负责辖区内的一家企业要给本企业的老员工每个人办一份终身健康保险作为年终奖励，但她不知道企业能否作为投保人给员工买商业险。二是她经手办理的一份车险，司机驾车时与其他车辆发生碰撞，对方是全责。但由于司机与对方司机是朋友关系，所以放弃了要对方赔偿的要求，在交警队签订了和解协议，却拿出保单要求保险公司赔偿。张经理不知道如果司机放弃向对方索赔，保险公司是否还需要支付保险金。三是辖区内的一个工厂以自己的厂房为保险标的，在几家保险公司都办理了保险。现在经保险公司业务员到现场检查，发现该厂的厂房损坏严重，很容易出现倒塌事故。张某想要了解，如果厂房倒塌是否按保险单上的保险金额，每个保险公司都照单赔付；针对厂房出现倒塌的危险，是否应当增加保险费用。

[法律问题]

以上问题该如何解决？

[法律分析]

第一，企业可以作为投保人为自己的员工办理商业险。因为企业和自己的员工有法定的保险利益，也就是投保人对保险标的具有法律上承认的利益。员工作为企业的雇员，是企业的一分子，企业为自己的员工投保是符合法律规定的。

《中华人民共和国保险法》（以下简称《保险法》）第三十一条规定："投保人对下列人员具有保险利益：（一）本人；（二）配偶、子女、父母；（三）前项以外与投保人有抚养、赡养或者扶养关系的家庭其他成员、近亲属；（四）与投保人有劳动关系的劳动者。除前款规定外，被保险人同意投保人为其订立合同的，视为投保人对被保险人具有保险利益。订立合同时，投保人对被保险人不具有保险利益的，合同无效。"

第二，在保险公司办理了保险的司机，如果放弃向对方司机索赔，保险公司就可以拒绝该司机的赔付申请。

《保险法》第六十一条规定："保险事故发生后，保险人未赔偿保险金之前，被保险人放弃对第三者请求赔偿的权利的，保险人不承担赔偿保险金的责任。保险人向被保险人赔偿保险金后，被保险人未经保险人同意放弃对第三者请求赔偿的权利的，该行为无效。被保险人故意或者因重大过失致使保险人不能行使代位请求赔偿的权利的，保险人可以扣减或者要求返还相应的保险金。"

这条规定有效地制止了事故双方恶意串通，损坏保险公司利益的行为。作为事故一方的司机，应当先向对方司机要求赔偿损失；在对方赔偿完毕后，出现赔偿金额与损害金额的差额的话，可以要求保险公司赔付。

《保险法》第六十条规定："因第三者对保险标的的损害而造成保险事故的，保险人自向被保险人赔偿保险金之日起，在赔偿金额范围内代位行使被保险人对第三者请求赔偿的权利。前款规定的保险事故发生后，被保险人已经从第三者取得损害赔偿的，保险人赔偿保险金时，可以相应扣减被保险人从第三者已取得的赔偿金额。保险人依照本条第一款规定行使代位请求赔偿的权利，不影响被保险人就未取得赔偿的部分向第三者请求赔偿的权利。"

这条规定也确立了保险公司的代位权。如果被保险人不履行自己的职责，保险公司就可以代为行使被保险人的追偿权利。通过《保险法》第六十条、第六十一条的规定可以看出，在保险公司办理保险的司机如果私自放弃向对方索赔而只要求保险公司赔付的方法是行不通的。

第三，倒塌的厂房，各保险公司是按照比例来赔付，而不是按照保单的金额来赔付的。

《保险法》第五十六条规定："重复保险的投保人应当将重复保险的有关情况通知各保险人。重复保险的各保险人赔偿保险金的总和不得超过保险价值。除合同另有约定外，各保险人按照其保险金额与保险金额总和的比例承担赔偿保险金的责任。重复保险的投保人可以就保险金额总和超过保险价值的部分，请求各保险人按比例返还保险费。重复保险是指投保人对同一保险标的、同一保险利益、同一保险事故分别与两个以上保险人订立保险合同，且保险金额总和超过保险价值的保险。"

现实生活中，经常有些投保人为了骗取保险金，通过一项财产反复投保的方式，进行保险诈骗。《保险法》第五十六条的规定就有效地避免了保险诈骗现象的发生。

第四，对有损毁危险的厂房，保险公司可以提出增加保费的要求。

《保险法》第五十二条规定："在合同有效期内，保险标的的危险程度显著增加的，被保险人应当按照合同约定及时通知保险人，保险人可以按照合同约定增加保险费或者解除合同。保险人解除合同的，应当将已收取的保险费，按照合同约定扣除自保险责任开始之日起至合同解除之日止应收的部分后，退还投保人。被保险人未履行前款规定的通知义务的，因保险标的的危险程度显著增加而发生的保险事故，保险人不承担赔偿保险金的责任。"

因为投保人与保险人签订保险合同时，是根据比较良好的厂房状况收取的保险费用，承担的保险责任要小于厂房出现损毁危险的时候。现在的情况是厂房的损毁危险加大，则保险人的保险责任也随之增大，所以增加保险费是合理的。

[案例拓展]

　　从上面的案例中我们可以看出，一些群众认为保险公司故意刁难投保人，认为其意在赖账的看法是偏颇的。很多时候，作为投保人在索赔时应当了解有关保险的法律法规，避免与保险公司发生矛盾。

问题18：
企业贷款如何办理抵押手续？

[案例]

纪某是浙江一家大型房地产开发公司的老板，最近在开发一个楼盘的时候，却面临着因国家货币政策紧缩而贷款困难的问题。面对开发了一半的楼盘，纪某只好与各个贷款公司联系，希望能够筹得一笔资金，脱离困境。但贷款公司都要求纪某提供财产质押和抵押。经纪某盘点，公司的现有财产如下：一是在乡下有一座厂房；二是公司在建的楼盘；三是公司有大小车辆十台；四是公司的建筑机械以及纪某个人所有的金银珠宝、奢侈品等；五是公司的商标在房地产开发界很有名气。纪某希望通过将公司的上述财产分别办理质押和抵押，来筹集一亿元资金，但不知怎样办理。

[法律问题]

纪某应该怎么办理?

[法律分析]

第一，纪某在乡下的厂房要办理抵押应当向当地县级国土部门提出申请。

《民法典》第三百九十七条规定："以建筑物抵押的，该建筑物占用范围内的建设用地使用权一并抵押。以建设用地使用权抵押的，该土地上的建筑物一并抵押。抵押人未依据前款规定一并抵押的，未抵押的财产视为一并抵押。"第三百九十八条规定："乡镇、村企业的建设用地使用权不得单独抵押。以乡镇、村企业的厂房等建筑物抵押的，其占用范围内的建设用地使用权一并抵押。"按照我国法律规定，纪某想要以乡下的厂房为抵押办理贷款的话，需要先到当地的县级国土局办理土地使用权抵押登记。办理土地使用权抵押登记时，双方当事人、抵押人和被抵押人应当携带下列文件：（1）被抵押土地的集体土地所有者同意抵押的证明；（2）抵押登记申请书；（3）抵押人和抵押权人身份证明；（4）抵押合同；（5）经土地管理部门确认的地价评估报告；（6）土地使用属证；（7）土地管理部门认为应提供的其他文件。

第二，公司在建的房产楼盘也可以抵押，应当在当地房地产交易中心办理手续。《城市房地产抵押管理办法》第三条第五款规定："本办法所称在建工程抵押，是指抵押人为取得在建工程继续建造资金的贷款，以其合法方式取得的土地使用权连同在建工程的投入资产，以不转移占有的方式抵押给贷款银行作为偿还贷款履行担保的行为。"

根据这款规定，纪某在建的楼盘属于在建工程，也可以办理抵押贷款。但要注意一点，在建工程在办理抵押手续时，开发商拍到的该地块的土地使用权也要一并抵押。因为《城市房地产抵押管理办法》第四条规定："以依法取得的房屋所有权抵押的，该房屋占用范围内的土地使用权必须同时抵押。"当事人双方到该市的房地产交易中心办理在建工程的抵押手续程序一般是这样的：（1）受理登记申请；（2）权属审核；（3）公告；（4）核准登记，颁发房屋权属证书。

第三，公司车辆的抵押，应在当地车管所办理登记。

2022年5月1日起施行的、修订后的《机动车登记规定》第三十一条规定："机动车作为抵押物抵押的，机动车所有人和抵押权人应当向登记地车辆管理所申请抵押登记；抵押权消灭的，应当向登记地车辆管理所申请解除抵押登记。"

进行机动车辆抵押的，必须由机动车所有人和抵押权人一起到当地的车管所办理抵押登记，不得委托他人代理。机动车所有人应当填写申请表，由机动车所有人和抵押权人共同申请，并提交下列证明、凭证：（1）机动车所有人和抵押权人的身份证明；（2）机动车登记证书；（3）机动车所有人和抵押权人依法订立的主合同和抵押合同。车辆办理抵押的，手续比较简单。一般来说，车辆管理所自受理之日起一日内，审查完提交的证明、凭证，就可以在机动车登记证书上签注抵押登记的内容和日期。

第四，公司的建筑机械以及纪某个人所有的金银珠宝、奢侈品等财产，可以到公证处办理抵押手续。

《公证机构办理抵押登记办法》第三条规定，《担保法》第四十三条规定的"其他财产"包括下列内容，其中第（一）项、第（三）项规定：个人、事业单位、社会团体和其他非企业组织所有的机械设备、牲畜等生产资料；个人所有的家具、家用电器、金银珠宝及其制品等生活资料。当事人以前款规定的财产抵押的，抵押人所在地的公证机构为登记部门，公证机构办理登记适用本办法规定。

所以，纪某公司里的机械设备、个人所有的金银珠宝等都可以到当地的公证机构办理抵押登记。申办抵押登记时，要由抵押合同双方当事人共同提出申请，并填写《抵押登记申请表》。《抵押登记申请表》应载明下列内容：（1）申请人为个人的，应载明其姓名、性别、出生日期、身份证明号码、工作单位、住址、联系方式等；申请人为法人或其他组织的，应载明法人或其他组织的名称、地址、法定代表人或负责人和代理人的姓名、性别、职务、联系方式；（2）主合同和抵押合同的名称；（3）被担保的主债权的种类、数额；（4）抵押物的名称、数量、质量、状况、所在地、所有权或者使用权权属；（5）债务人履行债务的期限；（6）抵押担保的范围；（7）抵押物属再次抵押的，应载明再次抵押的情况；（8）申请抵押登记的日期；（9）其他需要说明的问题。

申请人应当在申请表上签名或盖章。在填写申请表的同时，申请人还应向公证机构提交下列材料：（1）申请人和代理人的身份、资格证明；（2）主合同、抵押合同及其他相关合同；（3）以本办法第四条规定的财产抵押的，应提交抵押物所有权或者使用权证书；以本办法第三条规定的财产抵押的，应提交抵押物所有权或者使用权证书或其他证明材料；（4）抵押物清单；（5）与抵押登记事项有关的其他材料。

纪某所有的建筑机械以及个人所有的金银珠宝等属于《担保法》中的其他财产内容，可以依法按照上述法规要求，到当地的公证处办理抵押登记公证。

第五，公司的商标权可以向当地市场监督局申请办理质权登记。

《民法典》第四百四十四条规定："以注册商标专用权、专利权、著作权等知识产权中的财产权出质的，质权自办理出质登记时设立。"

按照规定，市场监督局下辖的商标局负责办理商标专用权的抵押，出质人与质权人应当订立商标专用权质押书面合同，向商标局申请登记。商标专用权质押合同应当包括以下主要内容：（1）出质人与质权人的名称（姓名）、地址；（2）质押的原因和目的；（3）出质的商标及质押的期限；（4）出质商标专用权的价值及国家工商行政管理指定的商标评估机构的评估报告；（5）当事人约定的与该质押商标有关的其他事项。

商标专用权质押登记的申请人应当是商标专用权质押合同的出质人与质权人。双方当事人在申请商标专用权质押登记时，应当提交下列文件：（1）按规定填写的《商标专用权质押登记申请书》；（2）出质人及质权人企业营业执照复印件（须经发证机关确认盖章）；（3）质押合同副本（外文本应当附中文译本1份，以中文译本为准）；（4）质押商标《商标注册证》复印件；（5）委托代理人办理登记的，应当提交被代理人（申请人共同）的委托书；（6）其他应当提交的材料。上述证明文件如有不实，由申请人承担法律责任。这几项规定已经明确了办理商标权抵押登记的材料要求以及程序，纪某可以按照规定到市场监督局办理商标权质押登记手续。

[案例拓展]

从这个案例中我们可以看出，当企业面临资金短缺需要贷款时，不仅房产可以作担保，许多财产也可以作为贷款的担保。因此，当企业遇到困难时要沉着冷静，仔细盘点自己的财产，尽量避免求助于所谓的贷款公司或P2P，使自己的企业面临陷入绝境的风险。

第三章
企业经营常涉及的刑事犯罪

问题1：
什么是虚开增值税专用发票罪?

[案例]

　　甲公司系一人独资有限责任公司，李某系公司法定代表人。2014年3月24日，李某通过电话、网络等方式与"小林"（身份不明）联系，让"小林"为甲公司虚开增值税专用发票，并约定开票费为5%。后李某在无真实货物交易的情况下，从"小林"处取得开票单位为"A（上海）贸易有限公司"的增值税专用发票两份（价税合计金额为110335元，其中税额为16031.58元），并向"小林"支付了开票费5500元。2014年3月26日，李某将上述虚开的增值税专用发票拿到义乌市国税局认证并通过。后义乌市国税局发现上述发票系虚开，对甲公司罚款人民币50000元；2014年11月13日，甲公司缴纳了该罚款。

[法律问题]

我国法律对企业虚开增值税专用发票都做了哪些规定？

[法律分析]

第一，什么是虚开增值税专用发票罪？

《刑法》第二百零五条规定，虚开增值税专用发票或者虚开用于骗取出口退税、抵扣税款的其他发票，是指有为他人虚开、为自己虚开、让他人为自己虚开、介绍他人虚开行为之一的，违反有关规范，造成国家损失的行为。根据有关司法解释，虚开增值税专用发票或者虚开用于骗取出口退税、抵扣税款的其他发票，虚开的税款数额在五万元以上的，应予立案追诉。

第二，虚开增值税专用发票罪的犯罪构成。

（一）虚开增值税专用发票罪的主体：本罪的主体为一般主体，单位和个人都能成为本罪主体。除行为人为自己虚开增值税专用发票外，为他人虚开、让他人为自己虚开、介绍他人虚开增值税专用发票的犯罪主体是二人以上共同犯罪。

（二）虚开增值税专用发票罪的客体：本罪的客体是国家对增值税专用发票的管理制度与社会主义经济制度。《发票管理办法》规定，开具发票应当按照规定的时限、顺序、栏目，全部联次一次性如实开具，并加盖发票专用章，任何单位和个人不得转借、转让、介绍他人转让发票；禁止非法代开发票。《增值税专用发票使用规定》第十一条规定："专用发票应按下列要求开具：（一）项目齐全，与实际交易相符；（二）字迹清楚，不得压线、错格；（三）发票联和抵扣联加盖财务专用章或者发票专用章；（四）按照增值税纳税义务的发生时间开具。对不符合上列要求的专用发票，购买方有权拒收。"

虚开增值税专用发票，破坏了国家对发票的正常管理，会造成秩序紊乱。虚开增值税专用发票后，行为人往往将其用于逃税甚至骗取大额出口退税。这种行为会对国家税收造成恶劣影响，使国家丧失大量税收收入，同时破坏社会主义市场经济秩序，影响国家经济的正常运行。

（三）虚开增值税专用发票罪的主观要件：本罪的主观方面是故意，过失不构成本罪。换句话说，行为人是在明知的情况下为自己虚开、让他人为自己虚开或介绍他人虚开增值税发票等。而且本罪行为人一般带有牟利目的，以犯罪行为获取高额手续费等不法利益，但牟利目的并非本罪的必要主观条件。

（四）虚开增值税专用发票罪的客观要件：本罪的客观表现为没有实际购销关系而为他人虚开、为自己虚开、让他人为自己虚开、介绍他人虚开数量或金额不实的增值税专用发票，或行为人实际进行了经营活动，但要求他人为自己代开的行为。参照1996年10月17日《最高人民法院关于适用〈全国人民代表大会常务委员会关于惩治虚开、伪造和非法出售增值税专用发票犯罪的决定〉的若干问题的解释》之规定，具有下列行为之一的，即属本罪的虚开：（1）没有货物购销或者没有提供或接受应税劳务而为他人、为自己、让他人为自己、介绍他人开具；（2）有货物购销或者提供或接受了应税劳务但为他人、为自己、让他人为自己、介绍他人开具数量或者金额不实；（3）进行了实际经营活动，但他人为自己代开增值税专用发票。

除此之外，本罪作为数额犯，在满足上述四要件的前提下，还需达到一定的金额要求方构成犯罪。根据有关司法解释，虚开税款数额50000元以上的，应当依法定罪处罚。未到达该数额的，不以犯罪论处，而应由行政机关对行为人进行行政处罚。

第三，虚开增值税专用发票罪的处罚。

《刑法》第二百零五条规定："虚开增值税专用发票或者虚开用于骗取出口退税、抵扣税款的其他发票的，处三年以下有期徒刑或者拘役，并处二万元以上二十万元以下罚金；虚开的税款数额较大或者有其他严重情节的，处三年以上十年以下有期徒刑，并处五万元以上五十万元以下罚金；虚开的税款数额巨大或者有其他特别严重情节的，处十年以上有期徒刑或者无期徒刑，并处五万元以上五十万元以下罚金或者没收财产。单位犯本条规定之罪的，对单位判处罚金，并对其直接负责的

看了就能懂的
法律常识
中小企业法律风险防控
KANLE JIU NENG DONG DE
FALU CHANGSHI
ZHONG-XIAO QIYE FALU FENGXIAN FANGKONG

主管人员和其他直接责任人员，处三年以下有期徒刑或者拘役；虚开的税款数额较大或者有其他严重情节的，处三年以上十年以下有期徒刑；虚开的税款数额巨大或者有其他特别严重情节的，处十年以上有期徒刑或者无期徒刑。"

[案例拓展]

虚开增值税专用发票罪是一项常见罪名。本罪入刑点为虚开的税款数额在50000元以上。在司法实践中，涉及该罪的企业往往涉案数额较大，最高可判处责任人无期徒刑。因此，企业应当重视该罪，避免为少缴、不缴税款铤而走险，得不偿失。

首先，企业应当重视对财务人员的教育和培训，建立完善的监督制度，争取责任到人。防止部分财务人员为一己之私为他人代开发票或进行其他违法活动，累及企业。其次，企业应妥善保存各类合同、缴纳税款的证明等相关文件，一旦企业被追诉此罪，应及时联系律师并力争减少损失。例如，证明企业并未虚开发票，而是由于交易存在居间合同、垫付资金、转让债权等情况导致票、货、款不一致，实际已全额缴纳税款等。最后，本罪的单位犯罪实行双罚制，不仅企业会受到罚金等处罚，相关责任人也会受到有期徒刑、单处或并处罚金等处罚。因此，企业负责人应当正确认识犯罪行为，加强自身法律素养，杜绝侥幸心理。

问题2：
如何分辨集资诈骗与非法吸收公众存款？

[案例]

高某年轻帅气，大学毕业进入保险公司任部门经理，新婚不久的高某，经济稍感拮据，经人介绍结识了"财大气粗"的A公司董事长陈某。A公司及系列相关企业，伙同某集团公司数名管理人员以所谓从事跨境人民币套利交易、项目投资、工程招投标项目需要资金等理由，与社会不特定公众签订借款协议，并通过书面承诺每年12%高额利息回报的手法，变相非法吸收存款达人民币3050万元左右。保险公司经理高某介绍客户给A公司并收取佣金。公安机关以犯罪嫌疑人陈某、高某涉嫌非法吸收公众存款罪将其移送区检察院审查起诉。因案件的复杂性和严重性，区检察院以陈某、高某等涉嫌集资诈骗罪，将其移送市一分检审查起诉。高某可能面临判处10年以上有期徒刑甚至无期徒刑的严重后果。辩护律师阅卷后会见了被羁押在看守所的高某，依法提出辩护

看了就能懂的
法律常识
KANLE JIU NENG DONG DE
FALU CHANGSHI
ZHONG-XIAO QIYE FALU FENGXIAN FANGKONG
中小企业法律风险防控

意见：高某的行为不是以非法占有为目的，仅是介绍非法吸收公众存款的行为，该行为不能认定涉嫌集资诈骗罪。市一分检经依法审查后，认为被告人高某等人违反国家有关规定，非法吸收公众存款或者变相吸收公众存款，扰乱金融秩序，数额巨大（高某涉嫌非法吸收资金540余万元），应以非法吸收公众存款罪追究刑事责任；被告人陈某以非法占有为目的，使用诈骗方法非法集资，数额特别巨大，应以集资诈骗罪追究刑事责任。

[法律问题]

高某的行为应认定为集资诈骗，还是非法吸收公众存款？

[法律分析]

非法吸收公众存款罪，是指违反国家有关规定，非法吸收公众存款或者变相吸收公众存款，扰乱金融秩序的行为。《刑法》第一百七十六条规定："非法吸收公众存款或者变相吸收公众存款，扰乱金融秩序的，处三年以下有期徒刑或者拘役，并处或者单处罚金；数额巨大或者有其他严重情节的，处三年以上十年以下有期徒刑，并处罚金；数额特别巨大或者有其他特别严重情节的，处十年以上有期徒刑，并处罚金。"非法吸收公众存款罪的构成要件是：（1）本罪侵犯的客体，是国家的金融管理制度。（2）客观方面表现为非法向社会公开吸收公众存款或者变相吸收公众存款的行为。（3）犯罪主体包括自然人和单位。（4）主观方面只能由直接故意构成，且具有非法牟利的目的。但行为人非法吸收公众存款的行为是否已获利，获利数额大小，甚至亏损、资不抵债，都不影响本罪的成立。

集资诈骗罪，是指以非法占有为目的，使用诈骗方法非法集资，数额较大的行为。《刑法》第一百九十二条规定："以非法占有为目的，使用诈骗方法非法集资，数额较大的，处三年以上七年以下有期徒刑，并处罚金；数额巨大或者有其他严重情节的，处七年以上有期徒刑或者无期徒刑，并处罚金或者没收财产。"集资诈骗罪的构成要件是：（1）本罪侵犯的客体是国家的金融管理制度和公私财物的所有权。（2）客观方面表现为使用诈骗方法非法集资，数额较大的行为。（3）犯罪主体是一般主体，自然人和单位都可以构成本罪的主体。（4）主观方面由直接故意构成，并且具有非法占有集资款的目的。

《最高人民法院关于审理非法集资刑事案件具体应用法律若干问题的解释》第三条规定："非法吸收或者变相吸收公众存款，具有下列情形之一的，应当依法追究刑事责任：（一）非法吸收或者变相吸收公众存款数额在100万元以上的；（二）非法吸收或者变相吸收公众存款对象150人以上的；（三）非法吸收或者变相吸收公众存款，给存款人造成直接经济损失数额在50万元以上的。非法吸收或者变相吸收公众存款数额在50万元以上或者给存款人造成直接经济损失数额在25万元以上，同时具有下列情节之一的，应当依法追究刑事责任：（一）曾因非法集资受过刑事追究的；（二）二年内曾因非法集资受过行政处罚的；（三）造成恶劣社会影响或者其他严重后果的。"

第七条规定："以非法占有为目的，使用诈骗方法实施本解释第二条规定所列行为的，应当依照刑法第一百九十二条的规定，以集资诈骗罪定罪处罚。使用诈骗方法非法集资，具有下列情形之一的，可以认定为'以非法占有为目的'：（一）集资后不用于生产经营活动或者用于生产经营活动与筹集资金规模明显不成比例，致使集资款不能返还的；（二）肆意挥霍集资款，致使集资款不能返还的；（三）携带集资款逃匿的；（四）将集资款用于违法犯罪活动的；（五）抽逃、转移资金、隐匿财产，逃避返还资金的；（六）隐匿、销毁账目，或者搞假破产、假倒闭，逃避返还资金的；（七）拒不交代资金去向，逃避返还资金的；（八）其他可以认定非法占有目的的情形。集资诈骗罪中的非法占有目的，应当区分情形进行具体认定。行为人部分非法集资行为具有非法占有目的的，对该部分非法集资行为所涉集资款以集资诈骗罪定罪处罚；非法集资共同犯罪中部分行为人具有非法占有目的，其他行为人没有非法占有集资款的共同故意和行为的，对具有非法占有目的的行为人以集资诈骗罪定罪处罚。"

同时具备下列四个条件，就应当认定为"非法吸收公众存款或者变相吸收公众存款"：（1）未经有关部门依法批准或者借用合法经营的形式吸收资金；（2）通过媒体、推介会、传单、手机短信等途径向社会公众公开宣传；（3）承诺在一定期限内以货币、实物、股权等方式还本付息或者给付回报；（4）向社会公众即社会不特定对象吸收资金。其中，向社会公众即社会不特定对象吸收资金，是指行为人的集资对象具有广泛性和不特定性。根据司法实践，当行为人集资对象既包括亲朋好友又包括其他社会人员时，对所有集资对象一并认定在社会公众范围之内。对于共同犯罪的，行为人应对其所参与的全部犯罪金额负责。为体现我国刑法公平公正、罪刑相适应的原则，在处理非法集资案件时，应对照两者的犯罪构成要件，准确界定非法吸收公众存款罪与集资诈骗罪。两罪最大的区别就是集资诈骗罪主观上需要以非法占有为目的。集资诈骗罪侵犯的客体是复杂客体，从主客观方面及犯罪目的来说，集资诈骗罪的社会危害性大于非法吸收公众存款罪的社会危害性，其对应的刑罚也更为严厉。

[案例拓展]

本案中的高某刚过而立之年，在接到公安机关要求其接受调查的电话之时，正处于筹备蜜月旅行的幸福之中，而此一去便被刑事拘留，留下不知所措的妻子。高某的父母都年近七十，母亲更身患癌症，但为了能减少儿子非法吸收公众存款行为造成的被害人损失和社会危害，不得不缩减医疗费用，并四处筹款退缴违法所得。实际上，高某真正到手的佣金并不多，但为此付出的代价却是惨痛的。

当前，随着我国金融市场的不断开放及金融产品逐渐多样化，金融领域内各种侵权、欺诈等不规范的现象也日益突出。尤其是互联网金融也得到了迅猛发展，利用互联网金融实施犯罪的案件也呈现快速上升的趋势。有数据显示，最巅峰时期，我国P2P平台曾经达到5700家以上，接近6000家。从2017年开始，监管部门就加大了对P2P平台的监管力度，随后很多平台跑路、停业、提现难或者主动关闭的情况开始出现。截至2021年末，我国5000多家P2P平台已经全部停业，几万亿规模的行业就这样倒下了。大量平台触及刑事责任，受到刑法的规制，其中大部分的P2P网贷平台触刑案件都涉及非法吸收公众存款罪。虽然不知法者不能免责，对于非法集资类犯罪，刑法的处罚永远是有限的，当司法介入时，投资人的损失往往已经无法挽回。所以，除了政府常态化的行政监管外，行业也要不断加强自律，只有引导企业依法经营，指导公众理性投资，才能从根本上对抗风险、遏制犯罪。

问题3：
什么是因劳动争议等纠纷引起的侵犯公民人身权利、民主权利类犯罪?

[案例]

犯罪嫌疑人陈某，男，系某外资企业维修机师。上海市人民检察院第二分院指控：陈某故意杀害他人，致一人死亡、一人轻伤，其行为已触犯《刑法》第二百三十二条之规定，应以故意杀人罪追究刑事责任。犯罪嫌疑人陈某因某外资企业不再与其续签劳动合同等原因产生报复歹念，在其单位办公室内，趁被害人不备，使用事先准备好的不锈钢尖刀猛力刺切被害人颈部，致其当场受伤；使用尖刀多次猛力刺切另一被害人的颈部，致其当场受伤；在公司前台附近，用力刺戳某员工，因对方躲闪未刺中。警方接到他人报警后将陈某抓获。其中一个被害人因抢救无效死亡。

[法律问题]

1. 企业停薪留职人员、未达到法定退休年龄的内退人员、下岗待岗人员以及企业经营性停产放长假人员与新的用人单位发生用工争议，应按照劳动关系还是劳务关系处理？

2. 中小企业如何有效预防、化解劳动纠纷，避免矛盾激化？

[法律分析]

《刑法》第二百三十二条规定："故意杀人的，处死刑、无期徒刑或者十年以上有期徒刑；情节较轻的，处三年以上十年以下有期徒刑。"

《最高人民法院关于审理劳动争议案件适用法律若干问题的解释（三）》第八条：企业停薪留职人员、未达到法定退休年龄的内退人员、下岗待岗人员以及企业经营性停产放长假人员，因与新的用人单位发生用工争议，依法向人民法院提起诉讼的，人民法院应当按照劳动关系处理。

《中华人民共和国劳动合同法》第十四条规定："无固定期限劳动合同，是指用人单位与劳动者约定无确定终止时间的劳动合同。用人单位与劳动者协商一致，可以订立无固定期限劳动合同。有下列情形之一，劳动者提出或者同意续订、订立劳动合同的，除劳动者提出订立固定期限劳动合同外，应当订立无固定期限劳动合同：……（三）连续订立二次固定期限劳动合同，且劳动者没有本法第三十九条和第四十条第一项、第二项规定的情形，续订劳动合同的。……"

《最高人民法院关于贯彻宽严相济刑事政策的若干意见》第22点："对于因恋爱、婚姻、家庭、邻里纠纷等民间矛盾激化引发的犯罪，因劳动纠纷、管理失当等原因引发、犯罪动机不属于恶劣的犯罪，因被害方过错或者基于义愤引发的或者具有防卫因素的突发性犯罪，应酌情从宽处罚。"

故意杀人罪是指故意非法剥夺他人生命的行为。犯罪构成要件为：（1）主观上是出于故意，故意的内容是剥夺他人生命。可以是直接故意，也可以是间接故意。（2）客观方面，行为人实施了非法剥夺他人生命的行为。行为人必须实行了杀害行为。（3）主体方面，根据《刑法》第十七条的规定，已满十四周岁的自然人即可成为本罪主体。陈某因与同事有积怨，又因不获续聘导致矛盾激化，致一死一伤。被告人陈某因需照料年近百岁且已处于弥留之际的母亲而请年休假数天，系依法行使劳动者的权利，亦符合我国《老年人权益保障法》的立法原意。被告陈某已连续订立了两次以上固定期限劳动合同，根据我国《劳动合同法》规定，连续订立两次固定期限劳动合同，除劳动者提出订立固定期限劳动合同外，应当订立无固定期限劳动合同。该外资企业没有严格按照我国《劳动合同法》之规定，正确处理公司与员工的劳动纠纷，最终导致矛盾激化。被告人陈某因法治观念淡薄而实施了犯罪，触犯了《刑法》相关规定，根据我国刑法罪刑法定、罪责刑相适应原则，被告人陈某故意杀害他人，依法应承担相应的刑事责任，但应结合案发的起因、认罪悔罪态度及其他法定及酌定从轻、减轻处罚情节，及证据排除合理怀疑，达到"确实、充分"的证明标准，对被告人陈某做出公正判决，以体现我国司法公平、正义。

[案例拓展]

外资企业在经营活动中应严格遵守中国法律法规，包括《中华人民共和国劳动合同法》。在签订、履行劳动合同过程中，外资企业应严格依法办事，并注意工作的方式、方法，避免引起、激化矛盾，努力与员工建立和谐、良好的关系。签订无固定期限劳动合同的员工会受到更多的保护，除非有法律规定的特殊原因，否则不能被辞退。劳动者如遇劳动合同纠纷，认为自身权益受损，应冷静对待，通过积极与企业协商或劳动仲裁、诉讼等法律途径维护自身合法权益，避免以违法手段处理劳动合同纠纷。

问题4：
什么是合同诈骗罪？

[案例]

A公司法定代表人王甲从浙江来沪拼搏多年，事业有一定成就。A公司有厂房土地16亩，建筑面积14015平方米，使用期限50年，恰在京沪高铁项目征迁范围之内。为非法获取更多的动迁补偿款，王甲指使公司员工王乙变造了《建设工程规划许可证》复印件并变造金额达人民币九千余万元的设备购置增值税专用发票和商业统一发票，作为获取补偿的依据。之后，王甲与动迁办公室签订《有证非居住房屋拆迁补偿协议》。经市一分检审查确定，王甲伙同王乙等人骗取国家拆迁补偿费用计人民币2900万元，对王甲等人以涉嫌合同诈骗罪，且数额特别巨大为由，向上海市第一中级人民法院提起公诉。

看了就能懂的
KANLE JIU NENG DONG DE
FALU CHANGSHI
法律常识
ZHONG-XIAO QIYE FALU FENGXIAN FANGKONG
中小企业法律风险防控

［法律问题］

1. 王甲的行为是否构成合同诈骗罪？

2. 王乙在本合同诈骗案中的地位能否认定为从犯？能否适用缓刑？

［法律分析］

《刑法》第二百二十四条规定："有下列情形之一，以非法占有为目的，在签订、履行合同过程中，骗取对方当事人财物，数额较大的，处三年以下有期徒刑或者拘役，并处或者单处罚金；数额巨大或者有其他严重情节的，处三年以上十年以下有期徒刑，并处罚金；数额特别巨大或者有其他特别严重情节的，处十年以上有期徒刑或者无期徒刑，并处罚金或者没收财产：（一）以虚构的单位或者冒用他人名义签订合同的；（二）伪造、变造作废的票据或者其他虚假的产权证明作担保的；（三）没有实际履行能力，以先履行小额合同或者部分履行合同的方法诱骗对方当事人继续签订和履行合同的；（四）收受对方当事人给付的货物、货款、预付款或者担保财产后逃匿的；（五）以其他方法骗取对方当事人财物的。"

《刑法》第二十六条规定："组织、领导犯罪集团进行犯罪活动的或者在共同犯罪中起主要作用的，是主犯。三人以上为共同实施犯罪而组成的较为固定的犯罪组织，是犯罪集团。对组织、领导犯罪集团的首要分子，按照集团所犯的全部罪行处罚。"对于第三款规定以外的主犯，应当按照其所参与的或者组织、指挥的全部犯罪处罚。第二十七条规定："在共同犯罪中起次要或者辅助作用的，是从犯。对于从犯，应当从轻、减轻处罚或者免除处罚。"

A公司系经工商局依法核准登记设立，符合单位犯罪的主体资格。《有证非居住房屋拆迁补偿协议》是由A公司法人代表王甲签订，补偿协议以A公司单位的名义签订和履行，并体现了A公司的单位意志。按补偿协议所得款项均归属该公司所有，公司非法获得动迁补偿款项的行为属单位犯罪。

合同诈骗罪，是指以非法占有为目的，在签订、履行合同过程中，骗取对方当事人财物，数额较大的行为。合同诈骗罪的构成要件是：（1）本罪侵犯的客体是经济合同管理秩序和公私财物的所有权。"合同"主要是指经济合同，即法人之间为实现一定的目的依法达成的具有权利义务内容的协议。（2）客观方面表现为在签订、履行合同过程中，骗取对方当事人财物，数额较大的行为。（3）犯罪主体为一般主体，个人和单位均可成为本罪的主体。（4）主观方面由故意构成，并且具有非法占有公私财物的目的。这里所说的以非法占有为目的，既包括意图本人对非法所得的占有，也包括意图为单位或者第三人对非法所得的占有。

王甲等人的行为构成合同诈骗罪。王甲、王乙等人明知房屋有证与无证在获得动迁补偿款时有巨大的差异，仍制作了内容虚假的《建设工程规划许可证》和假发票提供给动迁单位作为补偿依据，其主观上明显有非法占有的故意，在客观上又实施了以虚构事实、隐瞒真相的方法骗取财物的行为。王甲等人非法占有的目的产生在合同履行之前，犯罪行为产生在签订合同过程中，符合合同诈骗罪的构成要件。被告人王乙不是A公司动迁相关事宜的委托负责人，更不是法定代表人。根据公司安排实施涉嫌合同诈骗罪的客观方面行为，在共同犯罪中所起作用相对较小，根据《刑法》第二十七条之规定，王乙在共同犯罪中起次要或者辅助作用，是从犯。同时，王乙没有犯罪前科，有认罪悔罪的具体表现，根据《刑法》第七十二条之规定，可对王乙减轻处罚并适用缓刑。

法院认为，被告人王甲作为被告单位A公司直接负责的主管人员，被告人王乙等作为其他直接责任人员，以非法占有为目的，采用变造《建设工程规划许可证》、增值税专用发票等手段，在签订协议的过程中骗取国家拆迁补偿费用2900万元，其行为根据《刑法》第二百二十四条第五项、第二百三十一条之规定，均构成合同诈骗罪，且数额特别巨大。在共同犯罪中，王甲起主要作用，系主犯；王乙等起次要、辅助作用，系从犯，还应分别适用《刑法》第二十六条、第二十七条的规定。公诉机关指控被告单位A公司及被告人王甲、王乙等人犯合同诈骗罪事实清楚，证据确实充分，法院予以支持。鉴于本案赃款已被司法机关全部冻结，没有造成国家损失，可酌情对王甲、王乙等从轻处罚。根据王乙等的犯罪情节和悔罪表现，可适用缓刑。

最终，法院判决：（1）被告单位A公司犯合同诈骗罪，判处罚金人民币50万元；（2）被告人王甲犯合同诈骗罪，判处有期徒刑11年，剥夺政治权利三年，并处罚金人民币10万元；（3）被告人王乙犯合同诈骗罪，判处有期徒刑3年，缓刑4年，并处罚金人民币5万元。被告人王乙当庭释放。

[案例拓展]

通过此案，广大中小企业负责人应认识到增强法治观念与诚信经商的重要性。企业经营者一要依法治企，防范法律风险是企业立业之本。市场经济实质上就是法治经济，只有树立良好的法律意识，依法规范企业行为，使企业发展步入法治化轨道，才能有效规避法律风险，真正维护企业自身的合法权益，并使企业在激烈的市场竞争中不断发展壮大。二要诚信经营，恪守道德规范是企业发展之本。诚信是企业生存和发展的基石，是企业获得最大利润的基础。企业凝聚力是企业生命力和企业活力的重要标志，而企业诚信则是增强企业凝聚力的源泉。企业对外诚实守信，信誉度就会不断提高，就能形成巨大的吸引力，从而不断赢得发展的机遇。企业的生存与发展是以经济利益的最大化为目标，而真正持久的经济效益来自诚信经营。

问题5：
如何分辨单位行贿与自然人行贿？

[案例]

上海某公司总经理顾某，因行贿被浦东检察院依法立案侦查。顾某所在的公司是民营企业，顾某和董事长两人共同投资，经过苦心经营、节俭积累，公司已发展成拥有400多名职工、具有一定知名度的中等企业。顾某称，身处市场经济，私营企业要生存，必然面临许多困难。为了公司能承接业务，他和董事长一起给一位厂长送礼，没想到竟令自己身陷囹圄。更何况老父亲身患肺癌，已到晚期，危在旦夕，他不知自己能否为父亲送终。反贪局经侦查认为：顾某为某工厂做设备修理，在劳务输出过程中，与本公司董事长多次向该厂长行贿共计人民币12.1万元，其行为触犯了《刑法》第三百八十九条之规定，涉嫌行贿罪，已向浦东检察院移送审查起诉。顾某的辩护人通过阅卷、会见犯罪嫌疑人顾某，向检察机关提出律师辩护意见。

[法律问题]

顾某涉嫌行贿的行为系单位行贿还是自然人行贿?

[法律分析]

《刑法》第三百八十九条规定:"为谋取不正当利益,给予国家工作人员以财物的,是行贿罪。在经济往来中,违反国家规定,给予国家工作人员以财物,数额较大的,或者违反国家规定,给予国家工作人员以各种名义的回扣、手续费的,以行贿论处。因被勒索给予国家工作人员以财物,没有获得不正当利益的,不是行贿。"

《刑法》第三百九十条规定:"对犯行贿罪的,处五年以下有期徒刑或者拘役,并处罚金;因行贿谋取不正当利益,情节严重的,或者使国家利益遭受重大损失的,处五年以上十年以下有期徒刑,并处罚金;情节特别严重的,或者使国家利益遭受特别重大损失的,处十年以上有期徒刑或者无期徒刑,并处罚金或者没收财产。行贿人在被追诉前主动交代行贿行为的,可以从轻或者减轻处罚。其中,犯罪较轻的,对侦破重大案件起关键作用的,或者有重大立功表现的,可以减轻或者免除处罚。"

《刑法》第三百九十三条规定:"单位为谋取不正当利益而行贿,或者违反国家规定,给予国家工作人员以回扣、手续费,情节严重的,对单位判处罚金,并对其直接负责的主管人员和其他直接责任人员,处五年以下有期徒刑或者拘役,并处罚金。因行贿取得的违法所得归个人所有的,依照本法第三百八十九条、第三百九十条的规定定罪处罚。"

关于单位犯罪，根据《刑法》第三十条规定："公司、企业、事业单位、机关、团体实施的危害社会的行为，法律规定为单位犯罪的，应当负刑事责任。"以及最高人民法院《关于审理单位犯罪案件具体应用法律有关问题的解释》，成立单位犯罪，必须具备如下构成要件：（1）单位犯罪的主体包括公司、企业、事业单位、机关、团体，既包括国有、集体所有的公司、企业、事业单位，也包括依法设立的合资经营、合作经营企业和具有法人资格的独资、私营等公司、企业、事业单位。个人为进行违法犯罪活动而设立的公司、企业、事业单位实施犯罪的，或者设立后以实施犯罪为主要活动的公司、企业、事业单位除外。（2）犯罪意志的整体性，即单位故意犯罪是经单位集体研究决定或由负责人决定的。如果单位犯罪中的一般工作人员擅自为本单位谋取非法利益，事后得到负责人认可或默许的，可以视为其危害行为具有犯罪意志的整体性，以单位犯罪论处。否则，应认定其危害行为系出于个人意志，以个人犯罪论处。（3）非法利益归属的团体性，即单位故意犯罪在客观上表现为为单位牟取非法利益的行为，或者违法所得实际归属于单位或其中的部分股东单位。

行贿罪是指行为人为牟取不正当利益，给予国家工作人员以财物的行为。行贿罪的主要特征是：（1）本罪的客体是国家工作人员职务行为的廉洁性。犯罪对象仅限于国家工作人员。（2）客观方面表现为行为人给予国家工作人员以财物的行为。（3）犯罪主体是一般主体，凡是年满16周岁具有刑事责任能力的自然人均可成为本罪的主体。（4）主观方面是直接故意，并具有牟取不正当利益的目的。综上，顾某所在单位行贿，不具备立案标准，该行为显著轻微不构成犯罪，相关部门已按要求撤销案件，释放被羁押的顾某。上海市浦东新区人民检察院做出《撤销案件决定书》：现已查明，犯罪嫌疑人顾某在担任公司总经理期间，利用承接某工厂的铸铲油漆、搭脚手架、冷作等工程过程中，先后六次行贿给该厂厂长钱、物，合计人民币九万六千余元。上述事实有证人证言及书证等证实，犯罪嫌疑人顾某亦供认不讳。综上所述，犯罪嫌疑人顾某虽有涉嫌行贿行为，但因其行为体现单位意志，系单位行贿，且尚属情节轻微，故不构成犯罪。根据《中华人民共和国刑事诉讼法》（以下简称《刑事诉讼法》）之规定，决定撤销犯罪嫌疑人顾某涉嫌行贿案并对其释放。

[案例拓展]

《中华人民共和国反不正当竞争法》第七条规定："经营者不得采用财物或者其他手段贿赂下列单位或者个人，以谋取交易机会或者竞争优势：（一）交易相对方的工作人员；（二）受交易相对方委托办理相关事务的单位或者个人；（三）利用职权或者影响力影响交易的单位或者个人。经营者在交易活动中，可以以明示方式向交易相对方支付折扣，或者向中间人支付佣金。经营者向交易相对方支付折扣、向中间人支付佣金的，应当如实入账。接受折扣、佣金的经营者也应当如实入账。经营者的工作人员进行贿赂的，应当认定为经营者的行为；但是，经营者有证据证明该工作人员的行为与为经营者谋取交易机会或者竞争优势无关的除外。"据此，企业经营中应杜绝行贿、受贿违法行为，防范法律风险。企业还应加强法治理念，依法经营。如遇法律问题，应按照法律规定的办法处理，聘请法律专业人士出具法律意见书或提供其他法律服务。

问题6：
如何认定职务侵占？

[案例]

　　叶某在担任A公司上海分公司总经理、销售公司副总经理、专业零售部总监期间，利用有权定价和代收货款的职务便利，采取冒用上海B公司等三十余家工程直营或工程经销商的名义向公司申请工程用户定价，而后擅自加价出售给A公司零售经销商C公司。被告人叶某以A公司的名义向C公司收取货款后，将货款差价共计人民币九百余万元予以侵吞。叶某涉嫌职务侵占，上海A公司报案至上海市公安局某分局。公安机关立案侦查，将叶某抓获归案，并移送检察院审查起诉。检察机关认为，被告人叶某身为公司、企业工作人员，以非法占有为目的，利用职务便利，侵吞本单位资金，共计人民币九百余万元，数额巨大，应以职务侵占罪追究刑事责任，向当地人民法院提起公诉。庭审时，公诉人出庭支持公诉，被告人委托辩护人，被害人委托代理人到庭参加诉讼。被告人叶某辩解称：起诉书认定其拿取差价的现金所依据的司法鉴定意见书不客观，其拿去的差价现金仅人民币几十万元。

[法律问题]

公诉机关指控被告人叶某职务侵吞公司财产人民币九百余万元，所依据的司法鉴定意见能否作为定案依据？叶某侵吞公司的款项应如何认定？

[法律分析]

《刑法》第二百七十一条第一款规定："公司、企业或者其他单位的工作人员，利用职务上的便利，将本单位财物非法占为己有，数额较大的，处三年以下有期徒刑或者拘役，并处罚金；数额巨大的，处三年以上十年以下有期徒刑，并处罚金；数额特别巨大的，处十年以上有期徒刑或者无期徒刑，并处罚金。"

职务侵占罪是指公司、企业或者其他单位的人员利用职务上的便利非法占有本单位财物，数额较大的行为。构成本罪必须符合以下条件：（1）犯罪主体为公司、企业或者其他单位的人员。（2）行为人必须具有侵占本单位财物的行为，即公司、企业或者其他单位的人员利用职务上的便利，将本单位的财物非法占为己有，且数额较大的行为。利用职务上的便利，主要是指行为人利用其在本单位中所担任的职务形成的便利条件将本单位的财物非法占为己有。"侵占"的行为方式主要有利用职务上的便利，侵吞、窃取、骗取或者以其他手段非法占有本单位的财物的行为。（3）行为人在主观方面是故意的，并具有非法占有本单位的财产的目的。被告人叶某系A公司负责销售的主管人员，A公司授予叶某一定的定价权，但是该权力的授予是以维护A公司的经济利益为基本前提的，不能成为叶某非法占有公司财物的手段。叶某对外销售A公司产品所获得的收益均属于A公司所有，差价款因叶某自己的职务便利产生，属公司财物。被告人叶某利用有权定价和代收货款的职务便利，低价向公司订货，再高价出售给经销商，从而形成差价款，再利用其收取货款的职务便利，采取直接截留差价款现金及冲平账手法，将差价款最终窃为己有。因此，叶某的行为符合职务侵占罪的法律特征。

司法鉴定意见书的鉴定意见如下：被告人叶某涉嫌侵占A公司财产共计九百余万元。根据《最高人民法院关于适用〈中华人民共和国刑事诉讼法〉的解释》第八十五条规定："鉴定意见具有下列情形之一的，不得作为定案的根据：（一）鉴定机构不具备法定资质，或者鉴定事项超出该鉴定机构业务范围、技术条件的；（二）鉴定人不具备法定资质，不具有相关专业技术或者职称，或者违反回避规定的；（三）送检材料、样本来源不明，或者因污染不具备鉴定条件的；（四）鉴定对象与送检材料、样本不一致的；（五）鉴定程序违反规定的；（六）鉴定过程和方法不符合相关专业的规范要求的；（七）鉴定文书缺少签名、盖章的；（八）鉴定意见与案件待证事实没有关联的；（九）违反有关规定的其他情形。"法院认为据以认定叶某职务侵占数额的司法鉴定意见书，由专业的司法鉴定机构、专业的司法鉴定执业人员依法做出，合理合法、客观公正，可以作为认定案件事实的证据。

法院认为，被告人叶某身为公司、企业工作人员，以非法占有为目的，利用职务便利，侵吞本单位钱财，共计人民币九百余万元，数额巨大。其行为已构成职务侵占罪。公诉机关的指控成立，法院予以确认。最终，法院判决：（1）被告人叶某犯职务侵占罪，判处有期徒刑八年，并处没收财产人民币20万元。（2）追缴被告人叶某违法所得，发还被害单位上海A公司。被告叶某提起上诉，上海市第一中级人民法院公开开庭审理，并依据《刑事诉讼法》第二百二十五条的规定，做出终审裁定，驳回上诉，维持原判。

[案例拓展]

通过此案例可以发现，建立良好的内部风险控制机制是企业决胜商战的重要基础。企业应规范管理制度，建立健全监管机制。建立和完善企业规章制度是一个企业运作、发展、强大的重要保证。企业规章制度的作用表现在：（1）保障企业的运作有序化、规范化，将纠纷发生的可能降到最低，降低企业经营运作成本，增强企业的竞争实力；（2）防止企业管理的任意性，保护职工的合法权益；（3）使员工行为始终与公司发展方向保持一致。要保障规章制度有效执行，在遇到问题时，规章制度是不以人的意志为转移的行为范本，可以作为判断是非的依据。在制定规章制度时，必须重视监督和管理的作用，达到制衡与发展的目的。企业应重视高层培训，强化员工法律意识。企业的高层管理者往往掌握了一定的权力，面对诱惑，道德约束非常重要，但道德规范更多是一种自我约束，制约力度有限。因此，法律约束是必不可少的。只有增强企业高层管理者及员工的法律意识，才能更有效地预防危及企业发展的违规甚至违法行为的产生。企业应对高层管理人员进行法律培训，尤其是与本行业有关的法律法规的培训。企业应依靠法律手段，维护自身合法权益。当企业因员工触犯刑法损害公司权益时，可聘请律师代理刑事附带民事诉讼，这样不仅能够充分行使自身的话语权，更能在律师专业知识的帮助与分析下，以法律为盾，维护自身的合法权益，最大限度降低企业损失。

问题7：
企业如何防范资金挪用？

[案例]

被告人杨某于2010年8月大学毕业后进入某建设有限公司（国有资本控股公司）财务资金部实习；2011年8月转正，任财务资金部税务会计，直至2013年9月。其任税务会计期间，具体负责办理公司税款缴纳工作。杨某在担任上述职务期间，利用负责本单位税款缴纳工作的职务便利，于2012年3月至2013年1月，将公司打入其个人账户用于缴税的资金共计6831477.60元挪用，为个人购买银行理财产品，挪用的款项案发前已全部归还。

被告人杨某于2014年1月主动向公司部门领导交代了其曾挪用公司税款用于购买理财产品的情况。公司安排公司纪委与杨某谈话，并对杨某进行了处分。杨某向公司退缴其使用税款购买理财产品的收益，共计24046.65元。2014年3月，济南市槐荫区人民检察院在侦办其他案件的过程中发现了被告人杨某的上述挪用资金行为，于2014年4月30日电话联系某建设有限公司，要求公司通知杨某到检察机关接受调查。同年5月4日，被告人杨某与公司人员一同来到检察机关，检察机关于当日对其采取了刑事拘留的强制措施。

[法律问题]

杨某是否构成挪用资金罪？

[法律分析]

挪用资金罪是指公司、企业或者其他单位的工作人员，利用职务上的便利，挪用本单位资金归个人使用或者借贷给他人，数额较大、超过三个月未还的，或者虽未超过三个月，但数额较大、进行营利活动的，或者进行非法活动的行为。此处"公司、企业或者其他单位的工作人员"不包括国有公司、企业或者其他国有单位中从事公务的人员和国有公司、企业或者其他国有单位委派到非国有公司、企业以及其他单位从事公务的人员。

挪用资金的行为有三种：（1）挪用本单位资金归个人使用或者借贷给他人，数额较大、超过三个月未还的。这种挪用资金的行为较为轻微，法律给予其三个月的还款期限。使用这种挪用资金行为的行为人挪用公司资金后，用于个人使用或者借贷给他人使用，未用于营利活动或者不法经济活动，一般用于购买不动产等其他财产，社会危害性较轻。

但由于其挪用资金行为时间较长且数额较大，仍对其进行定罪处罚。
（2）挪用本单位资金归个人使用或者借贷给他人，虽未超过三个月，但数额较大，进行营利活动的。行为人挪用单位资金后归个人使用或者借贷给他人，无论挪用时间长短，只要使用这笔资金进行了营利活动且达到数额较大的范围，则应进行追诉。此处"营利活动"主要是指将资金用于从商、购买证券、股票等行为。（3）挪用本单位资金进行非法活动的。挪用公司资金用于非法活动是一种最为严重的挪用资金的行为，因此对于这种不法行为，法律规定无论其挪用时间的长短及数额大小，一律追诉入刑。这里的"非法活动"包括一切违反法律的经济行为，主要包括赌博、走私等。

挪用资金罪的犯罪构成：（1）挪用资金罪的主体要件。本罪的主体为特殊主体，是指除国有公司、企业或者其他国有单位中从事公务的人员和国有公司、企业或者其他国有单位委派到非国有公司、企业以及其他单位从事公务的人员之外的公司、企业或其他单位的工作人员。（2）挪用资金罪的客体要件。本罪的客体是公司、企业或其他单位的财产所有权。其犯罪对象是公司资金，此处资金主要是指带有货币性质的公司财产，如人民币、外币、有价证券等。（3）挪用资金罪的主观要件。本罪的主观要件为故意，但不带有非法占有目的。即行为人明知自己挪用的是单位的财产，且逾期不归还或用于营利、非法活动，而仍做出挪用行为。（3）挪用资金罪的客观要件。本罪的客观表现主要有以下三个方面：其一，挪用单位资金归个人使用或借贷给他人使用，数额较大且超过三个月未归还；其二，挪用单位资金归个人使用或借贷给他人使用，虽未达三个月，但用于营利活动，且数额较大；其三，挪用单位资金从事非法活动的。本罪中"挪用"是指行为人利用职务上的便利，非法擅自动用单位资金归个人使用或借贷给他人使用，但有归还准备的行为。

2000年6月30日《最高人民法院关于如何理解刑法第二百七十二条规定的"挪用单位资金归个人使用或借贷给他人"问题的批复》规定，挪用单位资金归个人使用或者借贷给他人使用，是指公司、企业或者其他单位的非国家工作人员，利用职务上的便利，挪用本单位资金归本人或者其他自然人使用，或者挪用人以个人名义将挪用的资金借给其他自然人和单位的行为。2010年5月7日《最高人民检察院、公安部关于公安机关管辖的刑事案件立案追诉标准的规定（二）》第八十五条规定，"归个人使用"，包括将本单位资金供本人、亲友或者其他自然人使用的，以个人名义将本单位资金供其他单位使用的，个人决定以单位名义将本单位资金供其他单位使用，牟取个人利益的。

挪用资金罪的处罚。《刑法》第二百七十二条规定："公司、企业或者其他单位的工作人员，利用职务上的便利，挪用本单位资金归个人使用或者借贷给他人，数额较大、超过三个月未还的，或者虽未超过三个月，但数额较大、进行营利活动的，或者进行非法活动的，处三年以下有期徒刑或者拘役；挪用本单位资金数额巨大的，处三年以上七年以下有期徒刑；数额特别巨大的，处七年以上有期徒刑。"

《最高人民法院、最高人民检察院关于办理国家出资企业中职务犯罪案件具体应用法律若干问题的意见》规定：关于国家出资企业工作人员使用改制公司、企业的资金担保个人贷款，用于购买改制公司、企业股份的行为的处理。国家出资企业的工作人员在公司、企业改制过程中为购买公司、企业股份，利用职务上的便利，将公司、企业的资金或者金融凭证、有价证券等用于个人贷款担保的，依照刑法第二百七十二条或者第三百八十四条的规定，以挪用资金罪或者挪用公款罪定罪处罚。行为人在改制前的国家出资企业持有股份的，不影响挪用数额的认定，但量刑时应当酌情考虑。经有关主管部门批准或者按照有关政策规定，国家出资企业的工作人员为购买改制公司、企业股份实施前款行为的，可以视具体情况不作为犯罪处理。

《最高人民法院关于对受委托管理、经营国有财产人员挪用国有资金行为如何定罪问题的批复》规定："对于受国家机关、国有公司企业、事业单位、人民团体委托，管理、经营国有财产的非国家工作人员，利用职务上的便利，挪用国有资金归个人使用构成犯罪的，应当依照刑法第二百七十二条第一款的规定定罪处罚。"

本案中，根据相关司法解释及司法实践中一贯掌握的标准，《刑法》中的"国有公司、企业"，应仅限于国有独资公司、企业。本案中，某建设有限公司是国有资本控股公司，而非《刑法》意义上的国有公司。被告人杨某作为国有资本控股公司的工作人员，目前没有证据证实其符合国家工作人员的其他认定标准。因此，杨某身份符合"公司、企业或其他单位工作人员"身份。

被告人杨某在担任税务会计期间，利用负责本单位税款缴纳工作的职务便利，挪用公司资金，符合"利用职务之便"条件。其挪用款项用于购买个人理财产品，系用于从事营利活动，且数额巨大。

但是，被告人杨某在司法机关未掌握其犯罪事实时向其所在单位投案，并如实供述了自己的犯罪事实，是自首，依法可以从轻处罚；被告人杨某能够向其所在单位退缴违法所得，有悔罪表现，可以酌情从轻处罚。

[案例拓展]

挪用资金罪的犯罪主体多为企业的高层管理人员、财务人员与购销人员，故预防本罪的发生，重点在于对以上人员的教育和监督。企业可以从三个方面入手：第一，应当建立完善的用工制度，及时掌握员工信息，签订劳动合同，并确保职责细化到人，避免管理制度混乱造成员工浑水摸鱼。企业内部应当设立监督体系，对财务信息进行定期审计和核查，尽量避免购销人员独自掌握客户信息，欺上瞒下。第二，应经常聘请专业法律人员对员工进行法律教育，普及法律知识，提高法律素养。告知员工擅自挪用资金的严重后果，敲山震虎，促使有犯罪念头的人悬崖勒马，减少损失。第三，一旦发生员工挪用资金的情况，企业应在掌握初步证据后及时向公安机关报案，请求公安机关进行调查，以减少损失。

第四章

企业终止

⚖ **问题1：**

企业终止涉及哪些法律责任？

[案例]

　　A公司因进出口业务与案外人E公司建立合作关系，由E公司代理出口A公司的产品。B、D系E公司股东，C为B的妻子，D为B的母亲。因此，事实上C在E公司成立后，将案外人与A公司之间的业务全部归并至E公司，并代表E公司与A公司开展业务。因E公司拖欠A公司代理佣金，A公司将E公司起诉至法院。经诉讼，法院判令E公司应支付A公司人民币1200万元，若E公司财产不足支付前述款项的，则由B、D以E公司清算后的财产进行清偿。后E公司无力清偿前述债务，也未进行自行清算，A公司向法院提供了A公司诉E公司的生效判决文书，向法院申请对E公司进行强制清算。清算过程中，B、D表示E公司财务账册及凭证等重要文件均已遗失，无法提供证据，仅可提供较早时间的财务报表及年度审计报告，但该审计报告反映的情况与法院组织的清算组对E公司的初步、不全面的清算报告结果也不一致。由于E公司早已歇业、被吊销营业执照，且无实物资产，财务账册等重要文件也均已毁损灭失，缺乏必要的清算条件，强制清算程序终结。A公司向法院提供了C的讯问笔录。其中，C自认其在A公司与E公司的出口代理协议上加盖了E公司印章，并以E公司的名义开展业务，因此A公司认为C应当是E公司的实际控制人。A公司遂以B、C、D作为E公司的股东与实际控制人遗失财务账册及凭证导致E公司无法清算为由，起诉要求B、C、D对前述债务承担连带责任。

一审法院认定E公司应当向A公司支付人民币1200万元偿还债务，B、C、D对此承担连带责任。B、C、D不服判决，提起上诉。二审驳回B、C、D上诉，维持原判。

［法律问题］

1. E公司遗失财务账册及凭证是否能够导致公司财产无法清算？
2. C是否为E公司的实际控制人？

［法律分析］

《最高人民法院关于适用〈中华人民共和国公司法〉若干问题的规定（二）》第十八条规定："有限责任公司的股东、股份有限公司的董事和控股股东未在法定期限内成立清算组开始清算，导致公司财产贬值、流失、毁损或者灭失，债权人主张其在造成损失范围内对公司债务承担赔偿责任的，人民法院应依法予以支持。有限责任公司的股东、股份有限公司的董事和控股股东因怠于履行义务，导致公司主要财产、账册、文件等灭失，无法进行清算，债权人主张其对公司债务承担连带清偿责任的，人民法院应依法予以支持。上述情形由实际控制人的原因造成，债权人主张实际控制人对公司债务承担相应民事责任的，人民法院应依法予以支持。"

法院认为，B、D作为E公司的股东，应履行法院判决确定的清算义务。在清算程序中，法院经审理已经认定，E公司无法进行清算系由于公司财务账册、凭证等重要文件毁损灭失，导致清算程序终结。而B、D所提供的E公司较早时间的审计报告和财务报表又与清算组实际报告不一致，无法全面客观、真实地反映E公司的债权债务状况，无法进行正常的清理，也无法确定公司财产和负债的范围并向债权人清偿。因此，法院认定，E公司系因遗失财务账册及凭证，导致公司财产无法清算。基于C的自认、各方对于C以E公司的名义对外开展业务均予以确认，以及C与B之间的夫妻关系，E公司系实际由B、C两人共同参与经营管理，并以B的名义投资设立的公司，考虑到B、C之间的特殊身份关系以及C在E公司的特殊地位，认定C为E公司的实际控制人。基于上述事实和理由，法院认为E公司因被依法吊销营业执照而解散，E公司股东应当在解散事由出现之日起十五日内成立清算组，开始清算。B、C、D作为E公司的股东、实际控制人，因保管不善，导致E公司财务账册及凭证灭失，公司财产无法进行清算。

[案例拓展]

企业作为营利法人，在经济领域、社会生活及民商法律体系中都是最常见的法人主体。企业终止在法律上的意义，即企业法人人格的消灭。企业终止根据解散、宣告破产等不同法定事由，须依据《公司法》和《企业破产法》等法律的相关规定，经依法完成清算（破产清算）、清偿债务、注销登记等法定程序和手续后，方得终止。在履行上述义务及程序时，企业法人应当承担的主要责任是债务的继承或担保、及时通知和公告债权人、以其自身财产清偿对外债务等，其中核心义务是清偿债务；同时，现行有关法律对企业股东（实际控制人）、高级管理人员、破产企业有关人员等自然人主体在企业终止时所涉及的强制清算、破产、清偿债务、财产分配、注销登记等各类程序中规定了更具体、更严格的责任，主要为依法成立清算组、妥善保管公司主要财产（账册、重要文件）、妥善处置公司财产、依法清算并办理注销登记、提前缴纳出资作为清算财产等。一旦违反即可能被判连带清偿对外债务及债权人损失，乃至受到民事强制措施的制裁，如拘传、罚款等，所以应当慎重对待，避免不必要的经济损失及失信风险。

⚖ 问题2：
名义股东在公司强制清算中的权利与义务是
怎样的？

[案例]

原告张某系被告甲公司的法定代表人、唯一股东。李某系美籍华人，与张某系同居关系并育有一子。李某为规避设立外资公司的相关行政审批限制而让张某代持其股份设立了甲公司。后张某与李某交恶，双方就甲公司控制权、公司经营过程中的往来账目、同居期间财产及子女抚养等问题涉讼十余起。为妥善处理张某与李某就甲公司经营期间的财产纠纷，李某以甲公司经营期限届满、甲公司名义股东与实际股东间存在矛盾纠纷、多次涉讼和无法自行清算为由，向法院申请对甲公司进行强制清算。强制清算过程中，张某起诉要求甲公司支付其担任公司法定代表人期间为公司劳动所应得的劳动报酬，以及因未支付劳动报酬劳动者解除劳动合同的经济补偿金等。张某持有并提供了一份甲方为甲公司、乙方为张某的劳动合同，以证明双方之间存在劳动关系，以及张某的职位及应享有的报酬待遇。另，李某曾于另一与张某之间的诉讼中提交其与张某签订的委托协议合同一份，其上载明甲公司全部资产及资金均为李某投资、全部资产为李某所有、李某委托张某为法人代表等。张某曾于另案诉讼的庭审中向李某交付《张某解除与李某的委托合同的告知书》，张某认为解除委托关系意味着同时也解除了张某与甲公司之间的劳动关系。

庭审中，张某确认其一直持有甲公司的公章等印鉴，未向李某或甲公司清算组移交或办理交接。最终，一审法院认定张某与甲公司之间不存在劳动关系，从而驳回了张某的全部诉请。

二审中，张某补充提交了部分汇票、付款凭单、调价单等证据，希望证明其一直为甲公司提供劳动。然而，二审驳回张某的上诉，维持原判。

[法律问题]

张某与甲公司之间是否存在劳动关系?

[法律分析]

劳动和社会保障部《关于确立劳动关系有关事项的通知》第一条规定:"用人单位招用劳动者未订立书面劳动合同,但同时具备下列情形的,劳动关系成立。(一)用人单位和劳动者符合法律、法规规定的主体资格;(二)用人单位依法制定的各项劳动规章制度适用于劳动者,劳动者受用人单位的劳动管理,从事用人单位安排的有报酬的劳动;(三)劳动者提供的劳动是用人单位业务的组成部分。"

该条明确了在劳动者和用人单位之间未订立书面劳动合同的情况下,认定劳动关系的条件和情形,而该条第二款正是基于劳动者与用人单位之间应当具有人身隶属性而规定的。

法院认为,张某是甲公司的法定代表人,但法定代表人并不必然与公司之间存在劳动关系。张某主张双方具有劳动关系,仍需证明双方通过合意形成了由劳动者一方提供劳动、用人单位一方给付报酬的具有经济人身从属性的权利义务关系,即用人单位依法制定的各项劳动规章制度适用于劳动者,劳动者受用人单位的劳动管理,从事用人单位安排的有报酬的劳动。张某虽持有一份甲方为甲公司、乙方为张某的劳动合同,但张某实际持有公章,并至今未向甲公司清算组移交公章及财务账册等物品,因此该劳动合同并不足以证明双方之间存在建立劳动关系的合意。张某也未能提供充分的证据证明其在甲公司的管理下为甲公司提供劳动的事实，其与甲公司之间并非被管理者与管理者的关系，并不具备劳动关系中所应当具备的人身隶属性要素。因此，法院认定，张某与甲公司之间不存在劳动关系，从而驳回了张某的诉请。

名义股东也是股东，无论是存在劳动关系还是代持/委托关系，都应当履行股东的相应义务。张某自认为是甲公司的名义股东，实质上是甲公司的员工并提供劳动。但对外部债权人而言，张某首先是登记在册的甲公司股东，应当承担股东义务，例如在经营期限届满时进行清算或做出股东决定延长经营期限继续经营。本案例中，正是张某未依法组织自行清算，法院才依法受理了实际股东李某的强制清算申请。该案之外，所幸李某向清算组提供了甲公司可能的账册，尚待张某确认；否则若无法提供账册，则会导致无法开展清算，张某还要就外部债权人对甲公司的债权承担连带责任，不仅错失了借助清算程序厘清与李某的经济往来的机会，还要无端背上甲公司的债务。

股东与公司之间并不一定存在劳动关系。公司清算过程中，股东欲主张公司应当承担用人单位的相应责任的，需要承担更高的证明责任。股东作为公司的投资人、拥有者，本身与公司之间并不必然存在劳动关系。现今，仅对公司进行财务投资，完全不参与公司经营管理，甚至另有一份本职工作的投资人不在少数。因此，股东与公司之间的劳动关系是否存在，仍需要查明、证实。在强制清算过程中，被动参与清算程序的公司股东为了从公司资产中先行收回投资或减少亏损、抵销可能需要对外偿付的债务，有时会主张其与公司之间存在劳动关系，并向公司主张没有发放的工资津贴等。

本案例中，李某作为自然人股东不具有中国劳动法上用人单位的主体资格，张某仅可能与甲公司之间存在劳动关系，或与李某之间存在代持或委托关系。张某自己提供的《张某解除与李某的委托合同的告知书》中并未提及对与甲公司之间劳动关系的解除，法院应当也是基于此增强了对于张某与甲公司之间不存在劳动关系的确信。张某作为参与甲公司经营的登记在册的股东，掌握甲公司的公章、财务等实物、实权，要证明其与甲公司之间系劳动关系，就需要承担更高的证明责任，即需要证明其与甲公司之间具有劳动法上的人身隶属属性。

名义股东与实际股东之间存在争议、纠纷的，对于公司清算具有一定的影响。本案例虽然对张某与甲公司之间具有劳动关系做出了认定，但并未完全平息张某与李某之间的名义股东、实际股东之争。无疑，这会给甲公司的强制清算带来诸多不利影响。具体如下：

（1）张某作为名义股东对外仍然是公司的股东，若要自行清算，仍然需要名义股东做出股东决定，也需要自行清算所需的相关文件，否则自行清算无法进行。

（2）公司清算的最后结果是公司剩余资产由股东进行分配，而名义股东的资产最后应当由实际股东掌握。但在实际股东的身份未能得到司法确认的情况下，清算后公司的剩余资产也只能先交付给名义股东，如此不但清算组存在错误处置公司资产的风险，实际股东成功拿回应当分配给他的资产的风险也在增加。

（3）名义股东与实际股东之间发生争议、纠纷之后，名义股东往往利用其股东登记公示的便利，夺取公司的控制权。有很多名义股东本身也经常作为实际股东的代理人负责公司的日常经营和管理，这都可能会阻碍实际股东重夺公司控制权。而清算组并不具有核定确认股东身份的权限，只能等待司法确认实际股东身份之后才能做相应处置。如此，清算程序的周期也被人为延长。

[案例拓展]

企业作为营利法人，在经济领域、社会生活以及民商法律体系中都是最常见的法人主体。企业终止在法律上的意义即企业法人人格的消灭。企业终止根据解散、宣告破产等不同法定事由，须依据《中华人民共和国民法通则》、《中华人民共和国民法总则》、《公司法》和《企业破产法》等法律的相关规定，在依法完成清算（破产清算）、清偿债务、注销登记等法定程序和手续后，方得终止。

在履行上述义务及程序时，企业法人应当承担的主要责任是债务的继承或担保、及时通知和公告债权人、以其自身财产清偿对外债务等，其中核心义务是清偿债务。同时，现行有关法律对企业股东（实际控制人）、高级管理人员、破产企业有关人员等自然人主体在企业终止时所涉及的强制清算、破产、清偿债务、财产分配、注销登记等各类程序中规定了更具体、更严格的责任，主要为依法成立清算组、妥善保管公司主要财产（账册、重要文件）、妥善处置公司财产、依法清算并办理注销登记、提前缴纳出资作为清算财产等。一旦违反即可能被判连带清偿对外债务及债权人损失，乃至受到民事强制措施的制裁，如拘传、罚款等，故应当慎重对待，避免不必要的经济损失及失信风险。